O MITO DO PAPA DE HITLER
Como Pio XII protegeu os judeus do nazismo

DAVID G. DALIN

O MITO DO PAPA DE HITLER

Como Pio XII protegeu os judeus do nazismo

Tradução
Diego Fagundes

São Paulo
2019

Título original
The myth of Hitler's Pope: how Pope Pius XII rescued Jews from the Nazis

Copyright © 2005, David G. Dalin
Publicado mediante acordo com Regnery Publishing.

Capa de
Camila Lavôr

Dados Internacionais de Catalogação na Publicação (CIP)
(Câmara Brasileira do Livro, SP, Brasil)

Dalin, David G.,
    O mito do papa de Hitler: como Pio XII protegeu os judeus do nazismo / David G. Dalin; [tradução de Diego Fagundes] – São Paulo : Quadrante, 2019.

    Título original: *The myth of Hitler's Pope: how Pope Pius XII rescued Jews from the Nazis.*
    ISBN: 978-85-54991-33-3

    1. Cristianismo e antissemitismo - História - Século 20 2. Guerra Mundial, 1939-1945 - Aspectos religiosos - Igreja Católica 3. Holocausto judeu (1939--1945) 4. Judaísmo - Relações - Cristianismo 5. Nazismo e religião 6. Pio XII, Papa, 1876-1958 - Relações com os judeus I. Título.

19-28261   CDD-282

Índice para catálogo sistemático:
1. Pio XII, Papa : Igreja Católica : Cristianismo : História 282

Cibele Maria Dias - Bibliotecária - CRB-8/9427

Todos os direitos reservados a
QUADRANTE EDITORA
Rua Bernardo da Veiga, 47 - Tel.: 3873-2270
CEP 01252-020 - São Paulo - SP
www.quadrante.com.br / info@quadrante.com.br

À minha mãe, Bella Dalin, e em memória do meu pai, o Rabino William Dalin.

Sumário

Capítulo 1. O papa de Hitler: origem e importância do mito 9
    A difamação de um papa 10
    A defesa de um papa 20

Capítulo 2. Os papas que defenderam os judeus 29
    Os primórdios da proteção dos papas 32
    Bonifácio IX, Martinho V e os judeus 34
    Os papas da Renascença e os judeus 36
    O libelo de sangue 43
    Os papas e os judeus no século XX 49
    «Um grande papa e um pacificador»: Pio XI e os judeus 52

Capítulo 3. O futuro papa 63
    Eugenio Pacelli e os judeus 67
    O futuro papa vai à Alemanha 68
    A carta de Munique 71
    Pacelli e os judeus 73
    Pacelli e o Pe. Coughlin 77
    Um cardeal enfrenta os nazistas 79
    O cardeal «amigo dos judeus» 84

Capítulo 4. Um justo entre as nações: o Papa Pio XII e o Holocausto 91
    A eleição do Papa Pio XII 91
    Acadêmicos judeus salvos pelo papa 92
    O papa «que não se cala» 96
    A excomunhão de Hitler 101
    A ocupação de Roma pelos nazistas 105
    O clero sai em defesa dos judeus 111
    O testemunho de Tibor Baranski 113
    Heróis católicos 116
    Castel Gandolfo e a assistência aos judeus romanos 119
    A deportação dos judeus húngaros e romenos 121

Angelo Roncalli e os judeus 122
A deportação de judeus da Eslováquia 126
Em homenagem a Pio XII: elogios da comunidade judaica 128
Conclusão: Pio XII, «justo entre as nações» 134

Capítulo 5. A mídia progressista e as guerras culturais 141
O papa de Hitler e Hollywood 149
Mel Gibson e as guerras culturais 152

Capítulo 6. O grão-mufti que apoiou Hitler 159
A serviço de Hitler: Amin al-Husayni, o grão-mufti de Jerusalém 164
O extenso legado da literatura islâmica antissemita 172

Capítulo 7. João Paulo II e a condenação papal do antissemitismo 177
Uma voz solitária no deserto: João Paulo II contra o novo
    antissemitismo muçulmano 184
Uma apologia do mal: o novo antissemitismo muçulmano
    e os críticos do papa 186
Restabelecendo a verdade 187

Agradecimentos 191

Notas 195

Capítulo 1
O papa de Hitler: origem e importância do mito

É irônico que, sessenta anos depois do Holocausto – numa época em que o ódio aos judeus impera entre os fundamentalistas islâmicos e cresce rapidamente entre os europeus que não praticam nenhuma religião –, a mídia progressista[1] do ocidente tenha tentado culpar o Papa Pio XII (e até a Igreja Católica como um todo) pelo antissemitismo.

Quando essa história começou a circular, ninguém acreditou nela. Do fim da Segunda Guerra Mundial até pelo menos cinco anos depois da morte de Pio XII, ocorrida em 1958, o pontífice desfrutou de uma reputação invejável tanto entre os cristãos como entre os judeus. Foi aclamado como «o inspirado profeta moral da vitória» e «desfrutou de aprovação praticamente unânime por ter auxiliado os judeus na Europa». Pio XII foi, nas palavras muito apropriadas de um historiador, «enaltecido mundialmente entre os católicos e os não católicos por ter sido um líder espiritual não apenas para os praticantes do catolicismo, como também para o restante da civilização ocidental»[2]. De fato, em 1951, o grande escritor britânico (e católico progressista) Graham Greene elogiou Pio XII dizendo que ele era «um papa que, segundo acreditamos muitos de nós, entrará para a história como um dos maiores»[3]. Tal pensamento era partilhado por vários outros católicos e judeus que exaltavam o papa pelos esforços empreendidos para salvar os judeus durante a Segunda Guerra Mundial.

A difamação de um papa

No início, a campanha retórica em torno da conduta de Pio XII na Segunda Guerra Mundial não passava de propaganda comunista facilmente refutável contra um pontífice que havia defendido posições fortemente anticomunistas. O vilipêndio ao papa, no entanto, tornou-se uma questão de grande relevância em 1963, ano em que estreou em Berlim uma peça chamada *O vigário* (no original, *Der Stellvertreter*), de Rolf Hochhuth (jovem escritor alinhado à esquerda). Na peça, Hochhuth atacava Eugenio Pacelli (que veio a se tornar Papa Pio XII em 1939) e o descrevia como um colaborador dos nazistas, um pontífice gélido e avarento sobre o qual pesava a culpa de ter sido moralmente covarde e de ter mantido silêncio diante do assassínio de judeus na Europa. Divulgada como «a peça mais controversa do nosso tempo», *O vigário* era uma obra de ficção altamente polêmica e não apresentava nenhuma evidência histórica que sustentasse suas teses. Mesmo assim, tornou-se sucesso de público e deu início a um sem-número de controvérsias na mídia e entre os intelectuais[4].

Tudo isso ocorreu há mais de quarenta anos. Por que o mito persiste, e por que continua sendo importante? Ele é importante, em primeiro lugar, porque temos o dever de esclarecer a verdade. Em segundo lugar, é importante porque, do ponto de vista histórico, a batalha em torno da reputação do Papa Pio XII é uma das mais relevantes dentre as que se desenrolam no âmbito da guerra cultural. Um número cada vez maior de intelectuais progressistas deseja denegrir não apenas o catolicismo, como também o cristianismo e até o judaísmo. Não é coincidência que alguns dos detratores mais contumazes de Pio XII – incluindo James Carroll, autor de *A espada de Constantino*, e Garry Wills, autor de *Papal Sin* [*Pecado papal*] – sejam também críticos do Papa João Paulo II.

Dentre os livros mais recentes sobre o Papa Pio XII e o Holocausto, pouquíssimos se referem de fato a esses dois temas. Na realidade, os *best-sellers* que atacam o papa e a Igreja Católica giram em torno de discussões internas relacionadas aos rumos da Igreja nos dias de hoje. O que alguns pretensos católicos fazem é usar o Holocausto como subterfúgio para atacar o papado e, com isso, destruir os ensinamentos do catolicismo – especialmente aqueles relacionados à sexualidade, incluindo o aborto, a contracepção, o celibato e o papel da mulher na Igreja. As polêmicas antipapais alimentadas por ex-seminaristas como Garry Wills e John Cornwell (autor de *O papa de Hitler*), por ex-sacerdotes como James Carroll e por outros católicos progressistas ou não praticantes exploram a tragédia do povo judeu durante o Holocausto para promover a agenda política desses autores, que consiste em impor um conjunto de mudanças à Igreja Católica dos dias atuais.

É preciso repudiar esse sequestro do Holocausto. É preciso restaurar a verdade sobre o Papa Pio XII (a verdade que os grandes meios de comunicação placidamente ignoram, ao mesmo tempo em que transformam maus livros de história em sucessos editoriais). É preciso mostrar que a guerra contra a verdade (uma guerra dentro da qual se insere a controvérsia em torno do papa) é um ataque à instituição da Igreja Católica e à religião.

É espantoso que haja tão poucas análises sobre a natureza extremista dos ataques desferidos contra a Igreja Católica. A publicação de livros e artigos críticos ao catolicismo tornou-se prática corrente entre os grandes meios de comunicação. Um exemplo é a edição de 21 de janeiro de 2002 da revista *New Republic*, na qual se encontra um ensaio de Daniel Jonah Goldhagen intitulado «What Would Jesus Have Done?» [«O que Jesus teria feito?»], um dos ataques mais virulentos já publicados contra a Igreja Católica (e, em particular, contra o Papa

Pio XII) por uma grande publicação americana. A *New Republic* dedicou nada menos que 24 páginas à diatribe anticatólica de Goldhagen e, para completar, divulgou-a como capa daquela edição.

No outono de 2002, Goldhagen ampliou esse ensaio e o transformou em livro – *A Moral Reckoning* [«Uma dívida moral»] – a fim de inflamar ainda mais a controvérsia[5].

Não foi a primeira vez que Goldhagen se envolveu numa polêmica. Em 1996, ele causou *frisson* nos Estados Unidos ao publicar o livro *Os carrascos voluntários de Hitler*, que recebeu ampla cobertura da mídia e ficou várias semanas na lista de mais vendidos do *New York Times*. Na obra, Goldhagen explica o Holocausto de maneira marcadamente simplista: a culpa, segundo ele, é dos alemães comuns, com sua cepa extraordinariamente violenta de antissemitismo cujo objetivo era promover a eliminação dos judeus. O Holocausto, argumenta, pode ser atribuído a um «eliminacionismo» assassino e antissemita que tinha grande força entre os alemães e que era, de fato, intrínseco ao caráter daquele povo. O extermínio nazista, portanto, só pôde ocorrer porque os alemães, em sua maioria, já estavam predispostos a assassinar os judeus. Foi justamente por isso que se tornaram seguidores inflamados e subservientes das lideranças nazistas que implementaram com sucesso a chamada «solução final». Embora Goldhagen tenha ganhado fama internacional, os argumentos simplistas que compunham seu livro foram amplamente criticados por estudiosos e historiadores sérios[6].

No livro de 2002, Goldhagen novamente apresenta uma compreensão histórica simplista do antissemitismo – uma compreensão desonesta, irresponsável e enganosa. Em *A Moral Reckoning*, o autor condena o cristianismo, e mais especificamente a Igreja Católica, como principal fonte do antissemitismo em tempos antigos, medievais e modernos.

À semelhança de *Os carrascos voluntários de Hitler*, o novo livro de Goldhagen está repleto de erros fatuais e leituras equivocadas da história. Além disso, também suprime um vasto conjunto de evidências que contrariam o argumento do autor. Por exemplo, várias das datas que ele apresenta como sendo datas de criação dos guetos na Europa estão erradas[7]. A criação do gueto de Roma, um dos eventos mais trágicos na história das relações entre católicos e judeus, ocorreu em 1556 – e não em 1555, como afirma Goldhagen. Da mesma forma, o gueto de Veneza foi criado em 1517, e não em 1516; o de Frankfurt, por sua vez, foi criado em 1462, e não em 1460. Já no caso do gueto de Viena, o autor erra por uma diferença de mais de cinquenta anos ao afirmar que foi criado em 1570, sendo que os judeus vienenses só passaram a viver confinados a partir de 1626.

Em *A Moral Reckoning*, Goldhagen retrata Pio XII como símbolo do mal católico e repete quase todas as acusações feitas contra o papa até aquele momento (incluindo as mais refutadas). No entanto, na sua busca por classificar Pio XII como antissemita e colaborador do regime nazista, Goldhagen não restringe sua diatribe anticatólica apenas ao papa daquela época. O falatório irresponsável do autor culmina num ataque contra o Papa João Paulo II e a Igreja Católica dos dias de hoje, minimizando (ou melhor, praticamente ignorando) o papel histórico que João Paulo II exerceu como amigo do povo judeu, como um papa que fez mais do que qualquer outro para inaugurar uma nova era de diálogo e reconciliação entre católicos e judeus.

Goldhagen também estabelece uma ligação entre o cristianismo (em sentido mais amplo) e o antissemitismo. O autor diz que «a religião cristã – ou, mais especificamente, a Igreja Católica – é a grande responsável por gerar a maior onda de ódio da história ocidental»[8], ignorando (como lhe convém) o antissemitismo ateu da União Soviética e o fato de os nazistas responsáveis pelo Holocausto odiarem tanto os cristãos como os judeus. Para Goldhagen, assim como para Carroll e outros críticos do papa, o antissemitismo é um valor fundamental do catolicismo – um valor do qual brota o antissemitismo europeu. De fato, Goldhagen repudia o Novo Testamento e o pensamento católico que dele deriva como sendo elementos intrinsecamente antissemitas que «obviamente guardam relação profunda com a gênese do Holocausto»[9]. Para o autor, o suposto antissemitismo de Pio XII era algo natural, uma vez que o papa construiu sua trajetória em meio ao *establishment* profundamente antissemita da Igreja, uma cultura institucional animada em seu cerne pela noção de que todos os judeus são assassinos de Cristo, e são também responsáveis por muito daquilo que é visto como maligno na modernidade[10].

Conforme observa o estudioso Michael Berenbaum, Goldhagen «não faz, em contrapartida, nenhuma menção às tradições de tolerância»[11] que existiam (e ainda existem) no seio do pensamento católico. Ele deturpa a imagem dos líderes da Igreja antiga que advogavam pela tolerância aos judeus (a maneira enviesada como ele se refere às considerações de Santo Agostinho sobre os judeus e o judaísmo é particularmente estarrecedora). Da mesma maneira, a afirmação infundada de que «não há diferença essencial entre o "antijudaísmo" da Igreja e o antissemitismo europeu que brotou dele» (e que deu origem ao Holocausto) está entre as mais superficiais e equivocadas jamais feitas por qualquer autor que pretendesse ser chamado de historiador.

Embora não tenha nenhum vestígio de erudição verdadeira, o livro de Goldhagen criou um nicho permanente no campo da literatura anticatólica. Nesse mesmo nicho, também podemos incluir o alarmista Paul Blanshard, com seu livro *American Freedom and Catholic Power* [«Liberdade americana e poder católico»], de 1949. Blanshard fez muito sucesso entre os leitores evangélicos anticatólicos. Goldhagen, por outro lado, tornou-se um autor-chave entre os não religiosos que odeiam o catolicismo por causa do ensinamento da Igreja sobre o aborto, a homossexualidade, a ordenação de mulheres etc. Se, conforme diz o teólogo judeu Will Herberg, «o anticatolicismo é o antissemitismo da intelectualidade judia», então Goldhagen é certamente o judeu mais antissemita dentre os que criticam o papa.

O que Goldhagen defende é a abolição da Igreja Católica como nós a conhecemos, já que ela representaria um perigo para toda a humanidade. Isso serve de alerta para todas as pessoas de fé, à medida que expõe o ódio que os não religiosos cultivam contra a religião tradicional. Não surpreende que um autor dessa categoria tenha encontrado leitores cativos nesse charco fumegante que é o anticatolicismo; por outro lado, é um verdadeiro escândalo intelectual e editorial que uma editora de grande porte (como a Knopf) e uma revista de grande circulação (como a *New Republic*) tenham escolhido publicá-lo.

Mas o que boa parte da grande mídia deseja apresentar como verdade é justamente o escândalo que se torna inteligível pelo mito do papa de Hitler. Quando Cornwell publicou *O papa de Hitler*, em 1999, a obra foi alçada ao posto de *best-seller* internacional. Cornwell acusava o Papa Pio XII de ser «o religioso católico mais perigoso da história moderna», um homem sem o qual «Hitler talvez não tivesse [...] sido capaz de levar à frente o plano do Holocausto». Leitores do *best-seller* de Cornwell eram levados a crer que, antes de assumir o papado, Pacelli fora um fiel seguidor e apoiador de Hitler. Na realidade, conforme veremos adiante, Pacelli foi um dos primeiros e mais ferrenhos críticos do ditador nazista.

O papa de Hitler foi citado na *Vanity Fair* e no *Sunday Times*, de Londres. Muitos comentaristas subscreviam acriticamente as teses do autor, sem nem ao menos investigar se eram verdadeiras. Cornwell tornou-se uma celebridade e passou a ser altamente requisitado no circuito das palestras, dos programas de auditório e das noites de autógrafos, além de ter sido retratado em tons bastante favoráveis pelo famoso programa americano *60 Minutes*.

Algum tempo depois, Cornwell recuou das afirmações que fez no livro, mas não por causa de algum tipo de pressão da mídia. Pelo contrário: os grandes veículos de comunicação alegremente endossaram suas conclusões, muito embora não tivessem nenhum fundamento e fossem abertamente antirreligiosas[12]. O autor Eugene Fisher, doutor em cultura e educação hebraica, lamenta:

> Que esse palavrório explicitamente anticatólico tenha sido publicado – pior: que tenha sido promovido a ponto de alcançar o

status de *best-seller* – é um triste sintoma da situação em que se encontra a mídia não religiosa nos dias de hoje[13].

É verdade que vários estudiosos católicos – como Ronald J. Rychlak, Pierre Blet, Margherita Marchione, Ralph McInerny, Justus George Lawler e Jose Sanchez – saíram em defesa do Papa Pio XII em publicações recentes. Esses autores oferecem relatos bem documentados dos esforços empreendidos pelo papa no sentido de salvar e abrigar os judeus durante o Holocausto; além disso, mostram como a diplomacia papal e as operações de resgate do Vaticano salvaram centenas de milhares de judeus e outros inocentes da perseguição nazista. Entretanto, embora esses estudiosos tenham escrito obras muito bem fundamentadas, foram virtualmente ignorados pela grande mídia, além de não terem sido publicados por grandes nomes do mercado editorial, mas sim por pequenas editoras católicas. Eles também não figuraram nas listas de mais vendidos – na verdade, é até difícil encontrá-los em grandes redes de livrarias[14].

Dentre esses livros, o melhor é *Hitler, the War and the Pope* [«Hitler, a Guerra e o Papa»], escrito por Ronald J. Rychlak. O estudo – o mais completo, bem fundamentado e elegante de que se tem notícia até hoje – oferece uma refutação meticulosa e arrasadora das alegações de Cornwell. *The Defamation of Pius XII* [«A difamação de Pio XII»], de Ralph McInerny, eminente professor de filosofia cristã medieval na Universidade de Notre Dame, também foi ignorado pela quase totalidade da mídia. Ao contrário dos livros de Cornwell, Wills e Carroll, essas defesas acadêmicas de Pio XII nunca foram resenhadas pelo *New York Times Book Review*, pelo *New York Review of Books* ou pela *New Republic*. Por conseguinte, o mito do papa de Hitler passou a ser considerado um consenso acadêmico, ao passo que a verdadeira imagem do Papa Pio XII – a de um homem que saiu em defesa dos judeus quando eles mais precisavam – é tida como crença de uma minoria católica.

Isso ocorre mesmo quando a histeria das acusações contra o papa é evidente. Eugene Fisher, por exemplo, observa que, no relato «sensacionalista e duvidoso» de Cornwell,

> Pacelli não apenas é o único responsável pelo avanço e pelo triunfo de Hitler nos anos 1930, como também é responsável pela eclosão da Primeira Guerra Mundial! [...] A Alemanha nazista sai livre de todas as culpas, e a totalidade quase irrestrita das tragédias do século XX recai sobre os ombros de um único católico italiano[15].

Outros comentadores atacaram a erudição desleixada de Cornwell, sem, no entanto, abalar a existência do mito. É o caso do historiador judeu William D. Rubenstein, grande autoridade no estudo do Holocausto, que caracterizou *O papa de Hitler* como «um maligno exercício de difamação e assassinato de reputação»[16]. Um dos comentários mais devastadores veio de Kenneth L. Woodward, colunista e editor de religião da *Newsweek*, que descreveu o livro de Cornwell como

> um exemplo clássico daquilo que acontece quando um jornalista mal preparado quer passar por erudito digno de respeito. [...] Muitas das fontes que cita são secundárias e foram produzidas pelos críticos mais ferrenhos de Pacelli. Erros factuais e contextuais aparecem em quase todas as páginas. Cornwell desconfia de todas as intenções [de Pio XII], mas nunca duvida daqueles que contam uma história diferente. Isso é falsa erudição[17].

Tudo isso é verdade, mas o mito do papa de Hitler é um instrumento tremendamente útil para quem deseja denegrir o papa, o cristianismo e a religião em geral. O respeitado historiador Philip Jenkins acerta ao dizer que «*O papa de Hitler* não pode ser compreendido senão como uma sequência de golpes baixos contra a Igreja Católica moderna e, mais especificamente, contra o papado de João Paulo II»[18].

Em *Papal Sin* [«Pecado papal»], Garry Wills não apenas ataca o Papa Pio XII pelo Holocausto como também acusa o Papa João Paulo II de ser o herdeiro e defensor das «estruturas de fraude» (conforme diz o subtítulo do livro) da Igreja. Num livro posterior chamado *Why I Am a Catholic* [«Por que sou católico»], Wills condena toda a instituição do papado, tanto na era medieval como na modernidade. Conforme observa Philip Jenkins, Wills considera que o Concílio Vaticano II foi «um curto lampejo de inspiração progressista, após o qual as trevas infernais voltaram a se apresentar na figura de João Paulo II, retratado por Wills como um megalomaníaco crédulo» que pecou mais do que Pio XII[19]. Embora descreva o papado como «uma instituição profundamente imperfeita»[20], Wills, à semelhança de Cornwell, considera-se parte de uma oposição «progressista mas leal» ao pontificado de João Paulo II. É razoável perguntar, no entanto, se a oposição de Wills e de outros críticos recentes pode realmente ser chamada de «leal». Wills condena João Paulo II porque o papa polonês defende os ensinamentos da Igreja no que tange ao celibato, à contracepção, ao aborto, à homossexualidade, à ordenação de mulheres, à infalibilidade papal, à doutrina da Real Presença de Cristo na Eucaristia, à sucessão apostólica, à Imaculada Conceição, à Assunção e ao próprio Magistério. Wills clama pelo fim do sacerdócio «tal como ele é conhecido há vários séculos» e defende a ordenação feminina, a abolição do celibato clerical e o fim da supremacia papal, qualquer que seja a definição desta última.

Conforme um crítico do autor observou recentemente: «Em Wills encontramos um católico, mas os ataques que ele faz à Igreja são tão fundamentais que chegamos mesmo a questionar o que significa ser católico»[21]. De fato, os ataques de Wills à Igreja são tão radicais a ponto de gerar questionamentos mesmo entre os companheiros ideológicos do autor. Numa resenha publicada pelo *New York Times*, o filósofo liberal Richard Rorty concorda com Wills no que diz respeito à necessidade de «subjugar a tirania papal»; entretanto, ao desdobrar o raciocínio de Wills e levá-lo às suas consequências lógicas, o autor chega à conclusão de que «não há um motivo claro que justifique a existência de uma igreja de Cristo»[22].

Por sua vez, Eamon Duffy, da Universidade de Cambridge, critica Wills de maneira severa e fulminante num artigo publicado pela revista *Commonweal*. Duffy, talvez a autoridade mais destacada no que tange aos estudos sobre a história do papado, escreve:

> Há um teor repulsivamente tirânico nas certezas progressistas e coléricas de Wills, em sua convicção grosseira e desqualificada de que todos os católicos inteligentes devem concordar com ele e de que as posições que rejeita só se sustentam à base da tirania rançosa e remendos intelectuais. Cada tema que ele discute se abre e se fecha de maneira categórica, e ele encontra provas inquestionáveis de seus próprios pontos de vista em fontes triviais – comentários bíblicos e obras de divulgação que tem na estante de casa. Os argumentos apresentados pela Igreja não são ridículos *prima facie*, muito embora seja essa a impressão que temos ao ler a caracterização de Wills. O autor pouco se esforça para traçar corretamente os argumentos e o raciocínio da Igreja Católica; em vez disso, prefere dedicar-se a reclamar das conclusões[23].

Para Ralph McInerny, escritor e eminente filósofo da Universidade de Notre Dame, os católicos progressistas que criticam Pio XII são, na realidade, motivados pelo ódio contra João Paulo II – um ódio que encontra raízes no fato de este último ter se colocado contra a «cultura da morte», tal como representada, sobretudo, pelo aborto indiscriminado, que muitos dos críticos progressistas de Pio XII (e de João Paulo II) apoiam abertamente. Os detratores de Pio XII «atacam o papa por supostamente não ter feito o suficiente para se opor à solução final de Hitler; ao mesmo tempo, no entanto, apoiam aquilo que muitos hoje em dia consideram ser a solução final para a gravidez indesejada». A ironia desse fato não passa despercebida por McInerny, que expõe de maneira implacável a inconsistência moral dos que criticam o papa[24].

Para os críticos, Pio XII e a Igreja Católica devem aceitar o peso da culpa pelo Holocausto. Além disso, a culpa do catolicismo está ligada a aspectos da Igreja que continuaram vivos na figura do Papa João Paulo II. O suposto antissemitismo de Pio XII e a reafirmação, por parte de João Paulo II, dos ensinamentos da Igreja tradicional possuem a mesma substância; a atual postura do Vaticano com relação à autoridade papal está diretamente ligada à cumplicidade da sé romana com relação ao extermínio de judeus pelo regime nazista.

É preciso que os judeus se oponham a essa equivalência moral monstruosa e a esse uso indevido do Holocausto. Não é aceitável que o Holocausto seja explorado politicamente num debate como esse, sobretudo quando alguns debatedores tentam menosprezar o testemunho de sobreviventes do Holocausto que elogiaram o Papa Pio XII por seus esforços em favor dos judeus. É uma calúnia abominável diluir uma culpa que pertence a Hitler e aos nazistas, fazendo-a recair sobre um papa que foi amigo dos judeus e que se opôs a Hitler e ao nazismo. Os judeus, qualquer que seja sua posição com relação ao catolicismo, têm o dever de rejeitar argumentos que usurpam o Holocausto e o transformam numa arma na guerra contra a Igreja Católica – uma guerra com o objetivo de enfraquecer as estruturas tanto do cristianismo quanto do judaísmo, uma vez que os críticos liberais não possuem qualquer apego nem pela religião tradicional nem pela verdade.

A defesa de um papa

É um fato histórico que alguns papas foram hostis aos judeus tanto na Idade Média como em tempos modernos. Também é verdade que o Papa Pio XII teve seus detratores no passado. Em 1964, por exemplo, Guenther Lewy publicou o livro *The Catholic Church and Nazi Germany* [«A Igreja Católica e a Alemanha nazista»]; Saul Friedlander, por sua vez, publicou *Pius XII and the Third Reich* [«Pio XII e o Terceiro Reich»] em 1966. Ambos os volumes afirmavam que o anticomunismo de Pio XII o havia levado a apoiar Hitler na esperança de enfraquecer a União Soviética. Os fundamentos acadêmicos – ou a análise histórica – de ambos os livros foram seriamente questionados, e Livia Rothkirchen, respeitada historiadora do judaísmo eslovaco que atua no Yad Vashem (memorial e museu israelense do Holocausto, em Jerusalém), escreveu uma resenha memorável e avassaladora a respeito do livro de Friedlander.

Para cada judeu que o denigre, no entanto, o Papa Pio XII foi abençoado com um judeu que o defende. Dentre estes últimos, o mais destacado foi o historiador e diplomata israelense Pinchas Lapide, que fora cônsul do governo de Israel em Milão e tivera a oportunidade de falar com vários judeus italianos que sobreviveram ao Holocausto. Num estudo meticuloso e abrangente publicado em 1967 sob o título *Three Popes and the Jews* [«Três papas e os judeus»], Lapide argumenta que Pio XII «teve papel fundamental no salvamento de pelo menos 700 mil – e provavelmente até mais 860 mil – judeus da morte certa nas mãos dos nazistas». O livro é até hoje considerado o trabalho mais importante sobre o assunto a levar a assinatura de um estudioso judeu.

Em 1963, Joseph L. Lichten, representante da Liga Antidifamação[25] em Roma, publicou *A Question of Judgement* [«Uma questão de juízo»], uma monografia influente e muito citada que buscava rebater as afirmações falsas e maliciosas contidas na peça *O vigário*, de Rolf Hochhuth. O trabalho também visava documentar o fato de os líderes judeus terem uma opinião bastante positiva sobre o Papa Pio XII na Segunda Guerra Mundial e no período imediatamente posterior ao conflito.

O grande historiador húngaro Jenö Lévai ficou tão irritado com as acusações sobre um suposto «silêncio papal» que decidiu escrever *Hungarian Jewry and the Papacy: Pius XII Did Not Remain Silent* [«O judaísmo húngaro e o papado: Pio XII não ficou em silêncio»]. O livro foi publicado na Inglaterra em 1968 e trazia textos notáveis na introdução e no epílogo (ambos assinados por Robert M. W. Kempner, conselheiro-chefe dos Estados Unidos durante os julgamentos de

Nuremberg). Em 1938, Lévai tivera a oportunidade de estar na presença de Pacelli (então secretário de Estado do Vaticano) quando este foi a Budapeste e fez uma série de discursos criticando severamente o nazismo e o comunismo. Anos depois, quando as acusações contra Pacelli emergiram, Lévai, que já havia se tornado um dos principais estudiosos do Holocausto em solo europeu, saiu em defesa do papa.

O trabalho magistral de Lévai, infelizmente ignorado pela maioria dos críticos, concentra-se na vida dos judeus húngaros e refuta as principais acusações contra Pio XII. Fazendo uso de arquivos estatais e eclesiásticos disponíveis na Hungria, o autor demonstra como o núncio e os bispos papais «agiram várias vezes seguindo instruções que vinham do Papa». Graças a essas ações, «no outono e no inverno de 1944, era possível encontrar refugiados judeus em praticamente todas as instituições católicas de Budapeste»[26].

Por sua vez, a introdução e o epílogo assinados por Robert M. W. Kempner merecem destaque especial. Como conselheiro-chefe dos Estados Unidos em Nuremberg, Kempner não hesitou em comparar os difamadores de Pio XII aos revisionistas que negam o Holocausto:

> Nos últimos anos, temos visto uma série de tentativas forçadas ou maliciosas de obscurecer esse fato histórico ou de interpretá-lo de maneira perversa. [...] O que nos preocupa aqui é um outro método deliberado (ou pelo menos negligente) pelo qual se busca suavizar os delitos dos verdadeiros culpados. O método desloca o foco da culpa, que passa de Hitler (como figura central do extermínio nazista) para o Papa Pio XII. Isso é feito por meio da propagação, por meios impressos e pelo teatro, de uma nova teoria: o Papa Pio XII nunca se pronunciou de maneira contundente contra a «solução final da questão judaica», tal como proposta por Hitler, e foi assim que a catástrofe veio a atingir as proporções que hoje conhecemos. Tanto a premissa como a conclusão são igualmente insustentáveis. Os arquivos do Vaticano, das autoridades diocesanas e do Ministério das Relações Exteriores da Alemanha

1. O PAPA DE HITLER   23

(comandado, à época, por Ribbentrop) contêm uma série de pronunciamentos dessa natureza – diretos e indiretos, diplomáticos e públicos, secretos e não secretos[27].

No epílogo do livro, Kempner acrescenta:

> Eu mesmo estou perfeitamente familiarizado com [...] o importante papel desempenhado pela Igreja Católica na luta contra a «solução final» na Hungria, e sempre deixei isso muito claro – por exemplo, em meu livro *Eichmann and His Accomplices* [«Eichmann e seus cúmplices»]. Nem a peça de Rolf Hochhuth nem os livros de Guenther Lewy e Saul Friedlander oferecem razões para que eu mude de opinião. Os documentos eclesiásticos que Lévai publica pela primeira vez nesse livro [...] reforçam minha visão favorável sobre a postura adotada pelo Vaticano durante o nazismo e sobre o Papa Pio XII, homem pelo qual tenho enorme respeito desde a época em que estive em Berlim[28].

Vários estudiosos judeus saíram em defesa de Pio diante dos ataques que surgiram desde a publicação de *O papa de Hitler*. Michael Tagliacozzo, grande autoridade no tema da perseguição de judeus romanos pelos nazistas – e ele próprio um sobrevivente dessa perseguição –, defendeu de maneira contundente o papel desempenhado por Pio XII durante a ocupação de Roma pelos nazistas. Conforme registra o autor, Pio atuou decisivamente para salvar as vidas de quase cinco mil judeus romanos, os quais foram abrigados, seguindo orientações do papa, dentro do Vaticano e em vários mosteiros e conventos da capital italiana. Tendo vivido o terror da ocupação nazista e estudado documentos de fonte primária que versam sobre o tema, Tagliacozzo só tem elogios a fazer a Pio XII. Diz ele numa entrevista:

> Sei que muitos criticam o Papa Pacelli. Há uma pasta na minha escrivaninha em Israel à qual dei o nome de: «Calúnias contra

Pio XII». O fato é que o meu juízo não tem como ser negativo. O Papa Pacelli foi o único a agir contra a deportação de judeus em 16 de outubro de 1943, e fez muito para esconder e salvar milhares de nós[29].

Os documentos do arquivo italiano sobre o Holocausto, diz o autor, provam com clareza que os protestos e as ações de Pio XII foram decisivos para salvar 80% dos judeus romanos[30]. Segundo Richard Breitman, o único historiador que possuía autorização para estudar os arquivos secretos da espionagem norte-americana durante a Segunda Guerra, documentos de circulação restrita comprovam que «Hitler não confiava na Santa Sé porque ela ajudava a esconder judeus»[31]. Também há evidências públicas, como, por exemplo, a ordem dada por Hitler à SS para que o papa fosse sequestrado. Por fim, há conversas documentadas em que representantes do regime de Hitler demonstram partilhar das posições do alto oficial nazista Reinhard Heydrich, que, no fim da primavera de 1943, disse o seguinte a seus subordinados: «Não devemos nos esquecer de que, no longo prazo, o papa em Roma é mais inimigo do Nacional-Socialismo do que Churchill ou Roosevelt»[32].

Sir Martin Gilbert é outro judeu que defende Pio XII abertamente. Aclamado biógrafo de Winston Churchill, Gilbert é amplamente reconhecido como um dos historiadores e biógrafos mais célebres e respeitados do nosso tempo. O autor escreveu várias obras de destaque a respeito do Holocausto, incluindo *The Holocaust: A History of the Jews of Europe During the Second World War* [«O Holocausto: História dos judeus da Europa na Segunda Guerra Mundial»], *Auschwitz and the Allies* [«Auschwitz e os aliados»] e *Never Again: A History of the Holocaust* [«Nunca mais: Uma história do Holocausto»]. Esses livros são indispensáveis a todos aqueles que estudam o Holocausto.

Gilbert documenta o fato de que Pio XII foi um dos primeiros a condenar publicamente as atrocidades do nazismo (via Rádio Vaticano) e a se pronunciar em favor dos judeus europeus. Em *The*

1. O PAPA DE HITLER

Righteous: The Unsung Heroes of the Holocaust [«Os justos: heróis anônimos do Holocausto»], o autor relata os feitos daqueles católicos extraordinários que, sob a liderança de Pio XII, arriscaram a própria vida e a Igreja à qual pertenciam para resgatar judeus por todo o território da Europa ocupada pelos nazistas. Ao todo, Gilbert estima que as várias igrejas cristãs salvaram até meio milhão de vidas judias durante o Holocausto, e que a maioria delas foi salva pelo clero e pelo laicato do catolicismo – religião dominante nos países ocupados pelos nazistas. Numa entrevista recente, perguntou-se a Gilbert se ele concordava com uma estimativa publicada pelo Vaticano em 1998, segundo a qual Pio XII teve papel direto (desempenhado «pessoalmente ou por meio de seus representantes») no salvamento de centenas de milhares de judeus. Gilbert respondeu: «Sim. [...] Centenas de milhares de judeus [foram] salvos pela Igreja Católica graças à liderança e ao apoio do Papa Pio XII. [...] A meu ver, [a estimativa] está totalmente correta»[33].

Um argumento central na obra de Gilbert que passa batido pelos críticos do papa dá conta de que Pio XII, além de ter fornecido instruções e encorajamento a diplomatas, sacerdotes e leigos católicos que se dispunham a proteger os judeus, dedicou-se diretamente aos esforços de proteção. Num notável discurso proferido na Church House, em Londres, Gilbert falou sobre os cristãos e o Holocausto e disse:

Na noite em que os judeus seriam deportados de Roma, o próprio papa [...] deu ordens para que os santuários do Vaticano fossem abertos a todos os judeus que conseguissem chegar. [...] Como resultado das ordens do papa e da ágil resposta do clero católico, dos 6.800 judeus que viviam em Roma, apenas 1.015 foram, de fato, deportados. [...] A ação papal – que eu não vejo sendo mencionada pelos debatedores atuais, adeptos do estilo *j'accuse* – salvou mais de quatro mil vidas[34].

Para os líderes judeus de uma geração anterior, a ideia de que o Papa Pio XII pudesse ser chamado de «papa de Hitler» teria causado espanto. Ao fim da Segunda Guerra Mundial, e por muitas décadas depois do conflito, Pio XII foi uma unanimidade entre os líderes judeus, incluindo Albert Einstein, físico e vencedor do Prémio Nobel; Chaim Weizmann, que viria a se tornar o primeiro presidente de Israel; Golda Meir e Moshe Sharett, primeiros-ministros israelenses; Isaac Herzog, rabino-chefe de Israel; e o Alexander Safran, rabino-chefe da Roménia. Figuras públicas do judaísmo cobriram o papa de elogios pelas ações que ele empreendeu em defesa dos judeus durante a Segunda Guerra.

Desde 1962, o Yad Vashem reconhece e homenageia os chamados «justos entre as nações» – isto é, os não judeus que salvaram vidas judias durante o Holocausto. Milhões de pessoas assistiram ao filme *A lista de Schindler*, que conta a história do católico Oskar Schindler, um industrial alemão que salvou a vida de 1.200 judeus. Muitos também já ouviram falar de Raoul Wallenberg, um jovem diplomata sueco ao qual se atribui o salvamento de dezenas de milhares de judeus durante a Segunda Guerra Mundial em Budapeste, e de D. Angelo Rotta, heroico embaixador do Vaticano na Hungria. Outros sacerdotes católicos que salvaram judeus, como o Cardeal Pietro Palazzini, receberam homenagens semelhantes do governo de Israel. Pio XII, como pretendo demonstrar neste livro, também merece ser reconhecido como «justo entre as nações»; em toda a história, nenhum outro papa desfrutou de um reconhecimento tão grande entre os judeus como o Papa Pio XII, graças ao papel que ele desempenhou no resgate de judeus durante o Holocausto.

Este livro refuta o mito do papa de Hitler e apaga a mancha que alguns autoproclamados «católicos progressistas» puseram sobre a própria Igreja, que não é fonte de antissemitismo nem partidária do Nacional Socialismo. Na verdade, como pretendo registrar detalhadamente no próximo capítulo, há uma tradição de apoio dos papas aos judeus europeus que remonta pelo menos ao século XIV – uma tradição católica filossemita que continua existindo nos dias de hoje graças ao trabalho do Papa Bento XVI. Em 24 de abril de 2005, dia em que o cardeal Ratzinger tornou-se Bento XVI, o novo papa estendeu suas saudações de maneira específica aos «irmãos e irmãs do povo judeu, aos quais estamos ligados por uma imensa herança espiritual comum, enraizada nas promessas irrevogáveis de Deus»[35].

Pio XII e João Paulo II (em especial este último) foram herdeiros e exemplos dessa longa e venerável tradição filossemita que existe no âmbito das relações entre o papado e os judeus. Tal tradição vem sendo ignorada ou rejeitada por críticos recentes do papa, tanto católicos como judeus. Quando fazemos uma avaliação mais precisa do papel de Pio XII durante o Holocausto, chegamos a uma conclusão diretamente oposta à de Cornwell: longe de ter sido «o papa de Hitler», Pio XII foi um protetor e um amigo dos judeus no momento histórico em que eles mais precisavam.

Além disso, veremos que havia, sim, um religioso no círculo de apoiadores de Hitler, mas não era o papa – era Amin al-Husayni, grão-mufti de Jerusalém[36], antissemita, líder dos radicais muçulmanos na Palestina e do assassinato em massa de judeus ocorrido em Hebron em 1929, mentor e modelo de Yasser Arafat e de tantos outros líderes árabes. Amin al-Husayni estabeleceu uma aliança aberta com Hitler, esteve com o ditador nazista mais de uma vez e clamou repetidas vezes pela destruição do judaísmo na Europa. É o Islã radical – abertamente alinhado a Hitler na Segunda Guerra – que ameaça os judeus nos dias de hoje, e não a Igreja Católica.

Capítulo 2

Os papas que defenderam os judeus

Para colocar a trajetória do Papa Pio XII em perspectiva, precisamos primeiro falar sobre as relações históricas entre o papa e os judeus – relações que são bastante positivas, ao contrário do que a maioria pensa.

Graças aos esforços de vários escritores maliciosos, muita gente pensa que os papas medievais e modernos eram, em sua maioria (ou mesmo totalidade), violentamente antissemitas. Autores como David Kertzer, James Carroll, Daniel Jonah Goldhagen e outros críticos recentes do papa pintam uma imagem verdadeiramente macabra do pontificado. Segundo argumenta Carroll em *A espada de Constantino*, «considerando-se os elos causais, Auschwitz revela que o ódio aos judeus não foi uma anomalia episódica, mas sim uma ação central na história do cristianismo [...] que culminou no Holocausto»[1]. Em *A Moral Reckoning*, Goldhagen afirma, conforme já vimos, que «a religião cristã – ou, mais especificamente, a Igreja Católica – é a grande responsável por gerar a maior onda de ódio [antissemita] da história ocidental»[2]. Esses autores atribuem o antissemitismo à Igreja Católica e às lideranças papais que a comandaram ao longo da história, e incluem Pio XII nessa linhagem da desonra.

Isso tudo, no entanto, é má história e falsa erudição. O fato é que os papas frequentemente saíram em defesa dos judeus, abrigando-os em tempos de perseguição e massacre e protegendo o direito deles de prestar culto livremente em suas sinagogas. Tradicionalmente, os papas defenderam os judeus das alegações antissemitas mais estapafúrdias, empregaram médicos judeus no Vaticano, condenaram pessoas que buscavam incitar a violência antissemita e tiveram judeus como amigos e confidentes. Essas informações não se encontram nos livros dos críticos progressistas, mas são verdadeiras.

No monumental *Jewish Life in the Middle Ages* [«A vida dos judeus na Idade Média»], publicado pela primeira vez em 1896, Israel Abrahams, grande estudioso judeu da Universidade de Cambridge, observa que «era tradição entre os papas de Roma proteger os judeus que estavam mais próximos»[3], sobretudo os que viviam na Itália e na Espanha. Além disso, observa o historiador Thomas Madden, «de todas as instituições da Europa medieval, a Igreja foi a única a condenar veementemente a perseguição contra os judeus»[4]. Ao longo da Idade Média, Roma e os Estados Pontifícios «foram os únicos territórios da Europa [ocidental] onde os judeus puderam desfrutar de proteção permanente contra ataques e expulsões»[5]. Os judeus foram expulsos da Crimeia em 1016, de Paris em 1182, da Inglaterra em 1290, da França em 1306, da Suíça em 1348, da Hungria em 1349, da Provença em 1394, da Áustria em 1422, da Espanha em 1492, da Lituânia em 1495 e de Portugal em 1497. Na Itália, no entanto, a comunidade judaica esteve sob proteção do papa e jamais foi expulsa. De fato, no início do século XV, «o único território europeu onde se podia ser judeu em segurança eram as terras do papa»[6].

Mais do que qualquer outro historiador, Cecil Roth, um acadêmico de erudição monumental que ocupou a célebre cátedra de história judaica da Universidade de Oxford entre 1939 e 1964, refuta as

2. OS PAPAS QUE DEFENDERAM OS JUDEUS

alegações falsas e maliciosas de críticos papais como Kertzer, Carroll e Goldhagen.

Roth deixou uma marca duradoura no estudo do judaísmo, com uma vastíssima obra literária composta de aproximadamente seiscentos volumes, uma performance magistral como palestrante em Oxford (com foco na história do judaísmo) e a honraria mais elevada de todas: ser editor-chefe da *Enciclopédia Judaica*[7].

Ao longo dos anos, Roth escreveu obras acadêmicas de importância capital – *The History of the Jews of Italy* [«A história dos judeus na Itália»], *History of the Jews in Venice* [«História dos judeus em Veneza»] e *The Jews in the Renaissance* [«Os judeus na Renascença»] –, bem como pesquisas sobre o passado dos judeus – dentre elas, *A History of the Jews* [«Uma história dos judeus»], *A Short History of the Jewish People* [«Uma breve história do povo judeu»] e *The Jewish Contribution to Civilization* [«A contribuição dos judeus à civilização»]. Roth morreu em 1970 e, àquela altura, já era considerado internacionalmente o historiador judeu mais prolífico e mais lido de sua geração, e também o maior estudioso judeu do século no que tange à história do judaísmo italiano e à história das relações entre os judeus e o papa. Ao longo de seus muitos escritos e palestras, Roth aponta repetidas vezes que, em épocas de antissemitismo galopante, os papas em Roma frequentemente foram os únicos líderes do mundo todo a falar abertamente em defesa e apoio dos judeus. O autor observa:

> Dentre todas as dinastias da Europa, o pontificado não apenas se recusou a perseguir os judeus [...] como também os protegeu ao longo dos anos graças à atuação dos papas. [...] A verdade é que os papas e a Igreja Católica dos primeiros tempos nunca foram responsáveis pela perseguição física dos judeus; além disso, Roma nunca foi palco de uma tragédia que tenha vitimado o

povo judeu, à diferença de todas as outras capitais mundiais. Por tudo isso, nós, judeus, devemos ser gratos[8].

Os primórdios da proteção dos papas

O Papa Gregório I (590-604), que mais tarde viria a ser conhecido como Gregório Magno, deu início à tradição de proteger os judeus. Ele emitiu um decreto histórico que começava com as palavras *Sicut judaeis* (isto é, «com relação aos judeus»), que passaram a ser utilizadas na abertura de todos os éditos papais em defesa dos judeus. Gregório afirma que os judeus «não podem ter seus direitos restringidos. [...] É proibido vilipendiar os judeus. A eles se permite viver como romanos e ter autoridade integral sobre suas posses». Durante seu pontificado, o Papa Gregório pôs essas palavras em prática: proibiu as conversões forçadas de judeus, agiu de modo a proteger os judeus contra atos violentos e insistiu na necessidade de ter tolerância em relação aos rituais e práticas judaicas. Em Nápoles, por exemplo, onde os cidadãos locais «haviam sido exortados a atrapalhar os serviços sabáticos», Gregório saiu em defesa dos judeus e «acalmou os espíritos militantes». Quando o bispo de Palermo, «num ato extremado de zelo religioso», confiscou várias propriedades judaicas – sinagogas, escolas e casas humildes –, o Papa Gregório novamente «interveio e corrigiu os equívocos»[9]. Quando os judeus de Terracina, na Itália central, reclamaram dizendo que «o bispo Pedro tomara a sinagoga deles e os expulsara porque cantavam alto demais, a ponto de serem ouvidos de uma igreja próxima», Gregório ordenou que uma outra sinagoga fosse dada àqueles judeus para que pudessem continuar prestando seu culto[10]. Como o papa era conhecido por sua benevolência, os judeus da Itália e de outros países frequentemente recorriam à proteção dele e tinham grande apreço pela ajuda que ele lhes prestava. De fato, Gregório veio a ser conhecido na história judaica como o primeiro grande amigo pontifício dos judeus e foi amplamente saudado por líderes comunitários e estudiosos judeus da Idade Média. Judah Mosconi, importante filósofo e estudioso judeu do século XIV, definiu Gregório como «um grande sábio, um filósofo completo» que mergulhou nos livros hebraicos «e amou profundamente os judeus, livrando-os muitas vezes [do perigo] na época em que viveu»[11].

O *Sicut judaeis* de Gregório deu nome a outro édito papal que marcou época. Esse segundo édito foi promulgado pelo Papa Calixto II (1119-1124), que prometeu defender os judeus europeus da perseguição empreendida por seus vizinhos cristãos e pelos cruzados. «Estabelecendo um precedente de ferro», Calixto prometeu oferecer aos judeus «o escudo da nossa proteção»[12]. O papa condenou os ataques físicos aos judeus, posicionou-se contrariamente aos batismos forçados e proibiu a destruição de sinagogas e cemitérios judaicos[13]. Essas proibições foram, conforme observa James Carroll, «um fortalecimento» daquelas formuladas por Gregório e vieram «em resposta ao fato de que, depois dos eventos de 1096 [ano em que ocorreu a Primeira Cruzada], era urgente reforçar a tradição de proteção pontifícia dos judeus»[14]. Entre os séculos XII e XV, a defesa que Calixto fez dos judeus, com a promessa de oferecer-lhes proteção contínua, foi reeditada pelo menos 22 vezes por sucessivos papas.

Gregório X (1271-1276) também foi um papa filossemita. Em1272, renovou os termos da bula *Sicut judaeis* acrescentando-lhes uma cláusula importante: «São inválidas as acusações contra judeus que se baseiam tão somente no testemunho de cristãos; nesses casos, é preciso que haja também testemunhas judias»[15].

No século XIV, quando os judeus foram acusados de espalhar a peste negra, o Papa Clemente VI (1342-1352) foi o único líder europeu a sair em defesa deles. A peste devastou a Europa e matou um terço dos europeus. Os judeus foram acusados de causar e espalhar a doença, o que levou a uma terrível onda de antissemitismo que afetou mais de trezentas comunidades judaicas. Milhares de judeus foram mortos, sobretudo na Alemanha, na Áustria, na França e na Espanha[16]. Em 26 de setembro de 1348, o Papa Clemente VI emitiu uma bula pontifícia na qual negava que os judeus fossem culpados pela peste, sublinhando que tais acusações não tinham «nenhuma plausibilidade»[17]. Ao refutar aqueles que acusavam os judeus, o papa apontou «o fato evidente de que os supostos instigadores da peste estão morrendo assim como todos os outros»[18]. Ele clamou aos padres, bispos e monges que «protegessem os judeus assim como ele mesmo havia se proposto a fazer». Edward A. Synan, grande estudioso das relações entre o pontificado e os judeus durante a Idade Média, observa que o Papa Clemente VI foi «o principal defensor» dos judeus e que a bula pontifícia emitida por ele aprofundou ainda mais «a tradição papal de proteção dos judeus»[19].

Bonifácio IX, Martinho V e os judeus

As políticas do pontificado em favor dos judeus tiveram continuidade com o Papa Bonifácio IX (1389-1403), que expandiu as proteções papais e, no ano de 1402, passou inclusive a reconhecer os judeus romanos como cidadãos plenos da cidade. Bonifácio foi o primeiro de muitos papas a empregar judeus como médicos no Vaticano. Em 1392, o papa promoveu seu amigo Angel ben Manuel ao posto de *familiaris* (isto é, membro da casa) e médico pessoal do pontífice, de maneira que, «sob a proteção de São Pedro e São Paulo e sob o amparo da Santa Sé, tu possas desfrutar de mais benefícios e receber todas as honras»[20].

O Papa Martinho V (1417-1431) reafirmou as proteções papais aos judeus. Ele reiterou a proibição papal contra os batismos forçados e expandiu os direitos civis e os privilégios dos judeus em Roma, na Alemanha e em Savoia. Em 1419, 1422 e 1429, Martinho promulgou éditos papais em defesa do povo judeu[21]. Desejando que «cada cristão trate os judeus de maneira humana e bondosa»[22] e buscando

2. OS PAPAS QUE DEFENDERAM OS JUDEUS

encorajar «o maior intercâmbio possível entre judeus e cristãos»[23], o papa tomou os judeus «sob sua proteção paternal contra os assédios injustos dos cristãos e contra as falsas acusações dos que tinham um zelo religioso hipócrita»[24]. Os judeus da Itália, em especial, ficaram enormemente gratos quando Martinho V proclamou:

> Os judeus, assim como todos os outros homens, foram criados à imagem de Deus; para que os judeus tenham seu futuro protegido, é preciso que não sejam molestados em suas sinagogas nem prejudicados em suas relações comerciais com cristãos.

Em 1417, o papa afirmou: «As leis dos judeus não podem ser atacadas. Eles não devem ser forçados a se submeter ao batismo ou a observar as festas cristãs»[25]. No Édito Papal de Proteção, publicado por Martinho V em 1422, o papa se dirigiu especificamente aos frades franciscanos liderados por João de Capistrano (o infame «flagelador dos judeus») e os alertou para que parassem de incitar os italianos contra os judeus[26]. Já no édito papal de 1429, o papa foi ainda mais longe e proibiu categoricamente os frades de «fazer pregações contra o povo judeu, interferir nas relações entre os judeus e seus vizinhos, infringir os direitos religiosos desse povo ou excluí-lo de atividades cotidianas (dos cursos universitários, por exemplo)»[27]. Para Cecil Roth, Martinho V ofereceu aos judeus «amplas [...] medidas de proteção»[28] – e os judeus italianos lhe foram gratos por isso. De fato, há uma famosa ilustração que retrata o papa sendo recebido pelos judeus de Constança[29]. Sempre que viajava pelo território italiano, Martinho era recebido com alegria pelo povo judeu.

Os judeus de Roma e dos Estados Pontifícios prezaram a contratação de Elias ben Shabbetai Be'er como médico pessoal do Papa Martinho V. Com efeito, Elias foi médico tanto de Martinho V como de seu sucessor, Eugênio IV (1431-1437), além de ter sido o primeiro judeu a fazer parte do corpo docente de uma universidade europeia (dando aulas de medicina na Universidade de Pavia)[30] e de ter recebido a cidadania romana. O Papa Martinho V incentivou os médicos judeus a atuarem profissionalmente nos Estados Pontifícios e exortava os judeus a se inscreverem nas faculdades de medicina europeias. Graças ao apoio do papa, os médicos judeus foram figuras de destaque na Itália e na Europa meridional por pelo menos dois séculos, e ofereceram seus serviços a papas, prelados, príncipes e nobres[31]. Como os médicos papais frequentemente eram rabinos, era comum que se tornassem representantes e porta-vozes da comunidade judaica na corte do papa. Com isso, esses médicos garantiam a existência de um canal de comunicação entre o papa e os judeus de Roma e dos Estados Pontifícios.

Os papas da Renascença e os judeus

O Papa Sisto IV (1471-1484) é mais conhecido como aquele que transformou a Roma medieval numa cidade renascentista, construiu a Capela Sistina e inaugurou a biblioteca e os arquivos do Vaticano[32]. Ele foi um dos filossemitas de maior destaque dentre os papas renascentistas durante um período em que o tradicional apoio pontifício aos judeus foi rigorosamente mantido.

Profundamente interessado em literatura hebraica – e amigo de vários judeus –, Sisto foi o primeiro papa a trazer copistas hebreus para trabalhar na biblioteca do Vaticano. Uma importante coleção composta por 116 livros e manuscritos hebraicos – provavelmente a melhor coleção desse tipo dentre as existentes em bibliotecas europeias, segundo concluiu Cecil Roth – foi reunida no Vaticano no início do século XV. O Papa Nicolau V (1447-1455), um dos antecessores de Sisto, já havia contribuído significativamente para ampliar a coleção hebraica do Vaticano ao empreender uma busca pelo manuscrito original do Evangelho de São Mateus[33].

O próprio Sisto foi um ilustre patrono do conhecimento. Adquiriu vários pergaminhos hebraicos antigos e determinou que novas cópias fossem feitas por um renomado estudioso hebreu que trabalhava no Vaticano[34]. Ao incentivar a coleção e a preservação de manuscritos hebraicos, Sisto IV abriu um precedente – tanto no que diz respeito à compilação de obras judaicas como à contratação de estudiosos hebreus – ao qual seus sucessores vieram a dar continuidade.

Membros de destaque da comunidade judaica romana foram acolhidos com hospitalidade no Vaticano de Sisto IV. Eram gratos ao papa por ele ter negado veementemente o torpe rumor de que os judeus haviam drenado o sangue de Simão de Trento, um menino cristão, para preparar o pão ázimo do Pessach, a Páscoa judaica. Em 1475, para a alegria dos judeus italianos, Sisto se recusou a canonizar Simão de Trento como santo mártir, opondo-se aos frades dominicanos que militavam em favor de Simão.

Do ponto de vista dos judeus italianos, um dos melhores pontífices da história foi justamente aquele que muitos historiadores julgam ter sido um dos piores. Alexandre VI (1492-1503), o papa renascentista escandalosamente corrupto que teve quatro filhos (incluindo os célebres César e Lucrécia Bórgia), foi um dos pontífices mais favoráveis aos judeus em toda a história da Igreja. Criou a primeira cátedra para estudos hebraicos na Universidade de Roma, reuniu-se com o rabino-chefe de Roma com grande frequência e ofereceu refúgio aos judeus perseguidos. Durante o período em que Alexandre esteve à frente da Igreja, a população judaica de Roma quase duplicou, à medida que os judeus fugiam da inquisição perpetrada pelas cortes reais da Espanha e de Portugal. O Papa Bórgia os acolheu e lhes ofereceu proteção oficial[35].

Um judeu eminente que atuou como médico do Papa Alexandre foi Bonet de Lattes, nativo da Provença. Rabino e astrônomo renomado, além de médico e confidente do papa, Lattes foi rabino-chefe da principal sinagoga de Roma e publicou um calendário astronômico anual no qual era possível encontrar previsões sobre os eventos do ano seguinte. Lattes inventou um anel astronômico – «uma espécie de astrolábio em miniatura que podia ser usado no dedo» – com o qual era possível calcular a posição do sol e saber a hora exata[36]. Ele dedicou o livro *Annuli astronomici* [«O anel astronômico»], no qual fala sobre a invenção, ao amigo e patrono Alexandre VI[37].

O sucessor de Alexandre VI, Papa Júlio II (1503-1513), é mais conhecido por ter sido patrono de grandes artistas, como Michelângelo, Rafael e Bramante, e por ter encomendado planos para a construção da nova Basílica de São Pedro e de outras obras duradouras da arquitetura renascentista. Dentre os trabalhos inspirados e financiados por ele estão a estátua de Moisés e as pinturas da Capela Sistina, ambos de Michelângelo, os afrescos de Rafael no Vaticano e outros trabalhos relacionados a temas do Antigo Testamento. O médico de Júlio foi outro judeu, Samuel Sarfatti[38], e o papa incentivou e financiou a educação de judeus como parte de seu programa de patrocínio das artes. Do ponto de vista da comunidade judaica de Roma, o Papa Júlio II foi um amigo.

As relações mais favoráveis entre o papado e os judeus, no entanto, desenvolveram-se durante o pontificado da Casa de Médici. Conforme observa Cecil Roth:

> Nenhum governante italiano foi tão amistoso com relação aos judeus como os papas do Renascimento – em especial os da Casa de Médici, Leão X e Clemente VII. Os dois estavam à frente de seu tempo e tinham um grau razoável de tolerância; viam mesmo os estudiosos judeus como parte integrante de uma vida intelectual da qual eles próprios eram grandes entusiastas[39].

O período em que Leão X (1513-1521), primeiro papa dos Médici, esteve à frente da Igreja foi particularmente positivo para os judeus. Como Roth bem observa, Leão X era tido em tão alta conta pelos judeus daquela época que seu pontificado chegou a ser considerado um presságio messiânico pelos judeus romanos[40].

Um édito especialmente benevolente de Leão X livrou os judeus da obrigação de usar um emblema distintivo (e degradante) preso às roupas. Os emblemas haviam sido impostos pelo Quarto Concílio de Latrão (1215) com o intuito de evitar que os cristãos acidentalmente se casassem com judeus. Eles eram obrigatórios nos domínios papais da França, mas haviam caído em desuso na Itália. Assim, em 1514, Leão afirmou os direitos civis dos judeus no território papal francês de Comtat Venaissin, a despeito dos protestos vindos do antissemita bispo local.

Leão interessou-se vivamente pela literatura judaica, incentivou a educação dos judeus, autorizou o funcionamento da primeira editora hebraica de Roma e aprovou a impressão do Talmude. Numa carta aos bispos de Speyer e Worms, Leão mostrou que patrocinava a educação dos judeus não apenas por ser um papa renascentista que se interessava por arte, mas também por ver com bons olhos o Talmude e a literatura judaica em geral.

Além disso, durante o papado de Leão, uma disputa acirrada sobre o Talmude chegou a um ponto culminante. A controvérsia começou na Alemanha, onde um apóstata judeu chamado Johann Pfefferkorn declarou que a literatura talmúdica blasfemava contra Jesus e o cristianismo. Os frades dominicanos de Colônia promoviam Pfefferkorn como um especialista na perversidade do judaísmo. Em vários panfletos escritos por *ghostwriters* e publicados sob seu nome, Pfefferkorn supostamente descreve os perigos do judaísmo e enaltece a santidade que resultaria da destruição do Talmude. Como resultado, Maximiliano I, imperador do Sacro Império Romano, cogitou confiscar e queimar o Talmude e outros livros judaicos.

Johann Reuchlin, principal estudioso cristão do hebraico na Alemanha, refutou Pfefferkorn. Reuchlin, jurista alemão e um dos maiores humanistas da Europa, foi o primeiro cristão a compilar uma gramática hebraica e havia empreendido um estudo detalhado sobre a literatura judaica – incluindo a Cabala, a grande obra de misticismo judaico sobre a qual ele escreveu vários tratados de profunda erudição. Reuchlin implorou ao imperador e a todos os cristãos inteligentes que não permitissem a destruição das obras judaicas. Como a controvérsia persistisse, Reuchlin abordou o médico papal e rabino--chefe de Roma, Bonet de Lattes. Talvez o rabino pudesse pedir para o Papa Leão X intervir na questão em favor dos judeus? Lattes repassou o pedido de Reuchlin ao Papa Leão X, e este, por sua vez, entrou em ação e incentivou uma editora cristã em Roma a publicar o texto integral do Talmude, sem censura. O papa foi então saudado pelos judeus romanos como «um exemplo de postura justa e humana»[41], um grande amigo e um protetor do povo judeu.

O segundo papa da Casa de Médici, Clemente VII (1523-1534), foi tão filossemita que escritores judeus contemporâneos o elogiaram como «favorecedor de Israel»[42]; além disso, ele foi tão respeitado que, quando a comunidade judaica de Roma se viu dividida por conflitos, a liderança judaica da cidade apelou ao papa que interviesse neles e os mediasse. Em resposta, Clemente VII pediu a seu amigo, o Rabino Daniel ben Isaac Donzeille de Pisa, rico banqueiro e líder comunitário tido em alta conta tanto por cristãos como por judeus, que reformulasse o sistema de autogoverno da comunidade judaica de Roma. Diante do pedido do papa, o Rabino Donzeille indicou três *fattori* – isto é, feitores, administradores – que «seriam os responsáveis perante a corte papal por todos os assuntos relacionados com a vida na comunidade judaica»[43]. Os feitores seriam assistidos por um conselho diretor formado por sessenta membros, «dentre os quais metade será composta de pobres e a outra metade de ricos», todos advindos da própria comunidade judaica romana. Em 1524, essas novas regras – que se tornaram a base da administração comunitária e das tomadas de decisão entre os judeus romanos – foram confirmadas pelo papa, que decretou que elas «devem ser observadas sempre e por todos»[44]. Ao longo desse período, o Rabino Donzeille atuou como conselheiro e confidente do papa.

Clemente VII teve papel central em outro episódio dramático no âmbito das relações entre o papa e os judeus. O episódio envolveu um «romântico aventureiro» chamado Davi Reuveni, um viajante judeu de Jerusalém que foi acolhido na Itália pelos judeus e pelo

2. OS PAPAS QUE DEFENDERAM OS JUDEUS

papa. De fato, Reuveni desfrutou, durante algum tempo, do favor de Clemente VII e da corte papal. Afirmando ser irmão de José, rei da tribo de Rubem, o viajante apareceu em Veneza no fim de 1523 e pediu ajuda aos judeus venezianos para «cumprir uma importante missão relacionada ao papa»[45]. Reuveni chegou a Roma em fevereiro de 1524, montado num cavalo branco e escoltado com pompa. Foi recebido por uma multidão eufórica de judeus romanos e também pelo Cardeal Egidio da Viterbo, um amigo do papa que alcançara reconhecimento como estudioso do hebraico e profundo conhecedor do misticismo rabínico e judeu. Fazendo jus à sua reputação de «grande amigo dos judeus», o Cardeal Egidio agendou um encontro entre Reuveni e Clemente VII[46].

Durante a audiência com o papa, Reuveni propôs uma aliança entre o «Estado» que ele próprio representava – os trezentos mil membros dispersos da tribo de Rubem – e os Estados da Europa cristã, com o intuito de lutar contra os muçulmanos. Reuveni propôs uma cruzada judaica para retomar a Terra Santa dos turcos muçulmanos; para isso, queria o apoio ativo e a bênção do papa, assim como armas fornecidas por países cristãos[47]. Para facilitar o plano, Reuveni pediu que o papa lhe escrevesse cartas de recomendação a alguns dos maiores monarcas da Europa – incluindo Carlos V, imperador do Sacro Império Romano-Germânico, João III, de Portugal, e Francisco I, da França. Clemente apoiou Reuveni com entusiasmo e lhe forneceu as cartas de recomendação, conforme ele pedira.

A convite de Clemente VII, Reuveni permaneceu em Roma por mais de um ano – com uma agenda turística organizada pelo próprio papa e permissão até para entrar na Basílica de São Pedro montado em seu cavalo. Tornou-se figura frequente na corte papal; vivia ao lado do palácio do papa e reunia-se com o pontífice regularmente[48]. Embora as negociações de Davi Reuveni com o rei de Portugal tenham, por fim, dado errado, e embora o projeto utópico de uma cruzada judaica para reconquistar a Terra Santa jamais tenha saído do papel, a breve estada de Reuveni em Roma foi historicamente memorável. Que ele tenha podido desfrutar de tamanha popularidade e hospitalidade na corte papal é um indício de quão especialmente cordiais eram as relações existentes entre os judeus de Roma e os papas da Casa de Médici – em especial, Clemente VII.

O médico pessoal e conselheiro de saúde de Clemente VII era Joseph Sarfati, um dos médicos mais bem-sucedidos de Roma, líder proeminente da comunidade judaica e presença constante na corte papal, onde podia dialogar com alguns dos cardeais mais influentes[49]. Além do trabalho na medicina, Sarfati tinha renome nas áreas da filosofia, matemática e poesia (escrevendo em hebraico). Ele traduziu a comédia espanhola *Celestina* para o hebraico e compôs um epitáfio em hebraico para um dos cardeais de Clemente VII no Vaticano[50].

Jacob Mantino, outro médico judeu, era muito estimado no Vaticano. Em 1529, foi indicado para ser professor de medicina na Universidade de Bolonha «por meio de um engenhoso artifício de Clemente VII, patrono de Mantino, que garantiu ao médico uma fonte de renda constante sem nenhum custo para o tesouro pontifício»[51].

Clemente VII estendeu ainda seu mecenato à literatura judaica, e chegou a encomendar uma nova tradução do Antigo Testamento do hebraico para o latim. A tradução deveria ser feita por seis estudiosos judeus e seis estudiosos cristãos em conjunto. Esse projeto histórico, segundo Cecil Roth, foi norteado por «uma postura tremendamente tolerante da parte do supremo pontífice»[52]. Ainda segundo Roth, «foi na corte [papal] de Clemente VII que as relações amigáveis entre judeus e cristãos na Itália renascentista atingiram seu ápice»[53].

As relações entre judeus e o papa permaneceram amigáveis durante o pontificado de Paulo III (1534-1549), um «papa esplendidamente pró-judaísmo»[54] que incentivou os judeus expulsos de outros países a se instalarem na Itália e acolheu os *marranos* – judeus que haviam simulado uma conversão ao cristianismo para evitar a perseguição –, prometendo protegê-los da inquisição espanhola[55]. O sucessor de Paulo III, Papa Júlio III, renovou essas garantias protetivas.

O libelo de sangue

Em seu livro *The Popes Against the Jews* [«Os papas contra os judeus»], David Kertzer dedica três capítulos à discussão de um tema terrível: as alegações de que os judeus praticavam rituais nos quais assassinavam crianças cristãs por ocasião do Pessach, a Páscoa judaica. Os judeus eram acusados de usar o sangue das crianças como ingrediente do pão ázimo que consumiam durante a ceia dessa festa. Kertzer, no entanto, praticamente não menciona o fato histórico, relevante e incontestável, de que uma sucessão de papas desde o século XII (época em que surgiram as primeiras acusações de assassinatos) condenou esse tipo de libelo.

O primeiro caso de suposto assassinato ritual foi relatado em Norwich, Inglaterra, no ano de 1144. O cadáver de um menino cristão foi encontrado na Sexta-Feira Santa e espalhou-se o rumor de que ele teria sido assassinado pelos judeus da cidade, os quais, por sua vez, teriam consumido o sangue do menino durante o Pessach. Conforme aponta Léon Poliakov, distinto historiador e especialista em antissemitismo, tais rumores sobre a prática de assassinatos rituais por parte dos judeus emergiram «quase simultaneamente» na Inglaterra, na França e na Alemanha nas décadas de 1140 e 1150 e logo varreram toda a Europa[56], encontrando «solo especialmente fértil» na Inglaterra[57]. Quando, em 1255, o corpo de Hugo de Lincoln, um menino cristão de oito anos de idade, foi encontrado dentro de um poço, as suspeitas novamente recaíram sobre os judeus. Depois de um julgamento, noventa judeus foram mandados para a Torre de Londres e dezoito foram executados. O pequeno Hugo de Lincoln passou a ser venerado, e o seu túmulo tornou-se um lugar de peregrinação; a história de seu assassinato ritual «integrou-se tanto às tradições inglesas»[58] a ponto de influenciar a imagem popular dos judeus na Inglaterra por séculos. De fato, esse libelo de sangue tornou-se parte da literatura inglesa e penetrou profundamente na imaginação popular daquele país, como fica evidente na conhecida história contada pela prioresa em *The Canterbury Tales* sobre um menino martirizado por judeus[59]. Da mesma forma, como aponta o estudioso judeu Marc Saperstein, a «balada de *Sir Hugh*, ou *A filha do judeu*», que versa sobre Hugo de Lincoln, «viria a ser cantada por Stephen Dedalus para Leopold Bloom perto do fim de *Ulysses*, de James Joyce»[60].

Na França, assim como na Inglaterra, esses libelos de sangue serviram de fundamento para que centenas de judeus fossem acusados, julgados e queimados na fogueira. Em maio de 1171, uma acusação do mesmo tipo (e claramente infundada, já que o corpo veio a ser encontrado) levou à execução na fogueira de quase todos os judeus da comunidade de Blois, na França, incluindo dezessete mulheres[61]. Pelos cem anos que se seguiram a esse episódio, houve praticamente uma epidemia de acusações de assassinato ritual por todo o continente europeu. Em consequência disso, centenas de judeus e judias foram aprisionados e mortos.

A despeito do fato de que os judeus são proibidos (pela própria lei judaica) de consumir sangue animal sob qualquer forma ou circunstância, e a despeito da «correlação com uma das calúnias utilizadas contra os cristãos por seus algozes pagãos romanos, a implausível acusação de que o ritual judaico exigia um sacrifício humano e de que os judeus, com o intuito de conseguir novas vítimas, sequestravam e abatiam crianças cristãs»[62] tem uma história que se estende por mais de oitocentos anos e adentra o século XX. Desde o início, os papas ergueram sua voz em protesto contra esse libelo antissemita. De fato, como aponta Saperstein, sempre que «se apresentavam acusações de assassinato ritual perante os papas medievais, eles as condenavam, considerando-as infundadas e inconsistentes com o ensinamento religioso judaico»[63]. Em 1247, o Papa Inocêncio IV promulgou a primeira de uma série de bulas papais destinadas a refutar a acusação de assassinato ritual que pairava sobre os judeus, um decreto papal histórico completamente ignorado pelas diatribes antipapais de escritores como Kertzer, Goldhagen e Carroll. A «contribuição mais

2. OS PAPAS QUE DEFENDERAM OS JUDEUS 45

importante [de Inocêncio IV] para a longa lista de textos papais em defesa dos judeus»[64], que foi endereçada aos arcebispos e bispos da Alemanha e da França, diz:

> Embora as Sagradas Escrituras imponham aos judeus o mandamento: «Não matarás» e os proíba de tocar qualquer corpo sem vida no Pessach, eles são erroneamente acusados de consumir o coração de uma criança assassinada no Pessach, sob acusação de que isso supostamente seria prescrito pelas leis deles, embora a verdade seja inteiramente oposta. Sempre que um corpo é encontrado em algum lugar, é aos judeus que se atribui maldosamente o assassinato. Eles são perseguidos sob o pretexto dessas fábulas ou de outras bastante similares. Além disso, contrariando os privilégios concedidos a eles pela Santa Sé apostólica, os judeus são privados dos devidos processos e julgamentos; num ato de escárnio à própria justiça, eles são despojados de suas posses, privados de alimentação, presos e torturados, de maneira que o destino desses judeus talvez seja pior do que o de seus pais no Egito[65].

Notando a existência de um motivo subjacente ao libelo de sangue, o papa denuncia vigorosamente os cristãos que inventam «pretextos para roubar injustamente [os judeus] e tomar suas propriedades»[66]. Ademais, em conformidade com a bula *Sicut judaeis*, Inocêncio IV acrescenta uma importante cláusula à bula papal, não apenas condenando o libelo de sangue, como também proibindo os fiéis católicos de propagá-lo:

> Além disso, ninguém poderá acusá-los [isto é, os judeus] de usar sangue humano em seus ritos religiosos, já que no Antigo Testamento eles são instruídos a não utilizar sangue de nenhum tipo, quanto mais sangue humano. Mas como [...] vários judeus foram mortos com base nessas suspeitas, nós [...] proibimos estritamente que isso se repita no futuro. Se alguém que conhece o

teor deste decreto ousar se opor a ele (que Deus nos livre disso), tal pessoa deverá ser punida com a perda da posição na hierarquia e do cargo, ou deverá ser posta sob uma sentença de excomunhão, a menos que faça a devida reparação por sua imprudência.

Esse édito histórico estabeleceu um precedente importante que foi seguido pelos papas seguintes na defesa dos judeus contra as acusações de assassinato ritual. Em 1272, por exemplo, ao atualizar e confirmar a bula *Sicut judaeis*, o Papa Gregório X acrescentou-lhe uma longa discussão sobre o libelo de sangue, condenado em termos inequívocos:

> Às vezes, um cristão perde seu filho, também cristão. Os inimigos dos judeus então os acusam de haver roubado e matado essa criança em segredo, e de haver oferecido o coração e o sangue dela em sacrifício. Os pais da referida criança, ou outros cristãos que sentem inveja dos judeus, chegam mesmo a esconder seus filhos de modo a terem um pretexto para molestar os judeus, e para extorquir dinheiro deles. Ato contínuo, afirmam, de maneira inteiramente falsa, que os judeus sequestraram essas crianças e as mataram, e que ofereceram o coração e o sangue delas em sacrifício. E, no entanto, a lei dos judeus proíbe-os expressamente de comer ou beber sangue. [...] Isso foi confirmado na nossa cúria em várias ocasiões por judeus convertidos à fé cristã. Mesmo assim, muitos judeus vêm sendo capturados e detidos sob esse pretexto, contrariando toda a justiça. Sendo assim, nós determinamos que nenhum cristão pode fazer alegações contra os judeus com base nesse pretexto. Ordenamos, ademais, que os judeus presos por esse motivo sejam libertados da prisão, e que não voltem a ser aprisionados com base em acusações tão descabidas, a menos que sejam pegos em flagrante delito (o que cremos ser impossível)[67].

Da mesma forma, quando, em 1422, uma delegação de judeus pediu proteção a Martinho V contra o libelo de sangue, «que havia ressurgido», o papa seguiu o precedente estabelecido por seus predecessores e «desqualificou a acusação de que os judeus misturavam sangue ao pão ázimo, classificando-a como "uma denúncia feita injustamente contra eles"»[68]. Em 1540, quando a mesma acusação foi feita contra as comunidades judaicas da Europa Central, os judeus apelaram ao Papa Paulo III. Ele respondeu por meio da bula *Licet judaei* [«Permita-se aos judeus»], endereçada aos bispos da Hungria, da Boêmia e da Polônia. Nela, repudiava aqueles «amargos e mortais inimigos dos judeus» que, «para usurpar os judeus de seus bens, fingiam que eles matavam criancinhas e bebiam-lhes o sangue»[69]. O papa denunciava ainda que, por causa do libelo de sangue, os judeus «eram injustamente despojados não apenas de suas posses, mas também, em muitos casos, de suas vidas». O Papa Paulo condenou o libelo de assassinato ritual e declarou-se um apoiador e protetor dos judeus. As declarações dos Papas Inocêncio IV, Gregório X, Martinho V e Paulo III, rejeitando e condenando o libelo de assassinato ritual, expressavam, «da maneira mais clara que as palavras permitem, a atitude oficial do papado e da Igreja Católica»[70]. Infelizmente, os papas frequentemente eram os únicos líderes europeus a condenar o libelo.

Na Polônia dos séculos XVII e XVIII, as acusações de assassinato ritual e as revoltas populares contra os judeus atingiram, por fim, proporções epidêmicas. Em 1650, Giovanni Battista de Marini, vigário-geral da Ordem Dominicana, trouxe ao país «instruções vindas de Roma para que os dominicanos poloneses combatessem o libelo quando estivessem no púlpito»[71]. Não obstante, a violência antissemita perpetrada pelos camponeses piorou, levando à prisão, tortura e execução de muitos judeus inocentes e à expulsão de comunidades judaicas inteiras de várias cidades polonesas.

Em 1758, líderes judeus da Polônia enviaram um representante especial – Jacob Zelig – a Roma para uma audiência com o papa. Zelig fez ao Papa Bento XIV um relato comovente do sofrimento e da perseguição que se abatiam sobre os judeus poloneses. Em resposta, o papa indicou Lorenzo Ganganelli, um franciscano «de ampla erudição e reputação ilibada», para investigar o assunto. Ganganelli havia sido um influente e distinto reitor e professor de teologia da Faculdade de São Boaventura, em Roma; mais tarde, em 1759, viria a ser nomeado cardeal por Clemente XIII[72], sucessor do Papa Bento XIV. Dez anos depois, foi elevado ao pontificado e tornou-se papa Clemente XIV. Depois de uma investigação detalhada que durou um ano, Ganganelli produziu seu relatório oficial, «um dos documentos mais marcantes, arrojados e humanos da história da Igreja Católica – um documento que sempre fará com que a memória de Ganganelli seja saudada com gratidão e afeto pelo povo judeu»[73]. O abrangente relatório era tão erudito quanto investigativo: analisava fontes e textos e passava em revisão todos os supostos casos de assassinato ritual cometidos por judeus na história. Com exceção de dois casos de veracidade duvidosa (que vieram a ser rejeitados pela maioria dos historiadores), o papa constatou a completa falta de fundamento das acusações[74].

Essa refutação histórica do libelo de sangue foi celebrada pelos judeus do Leste Europeu. Quando Ganganelli se tornou papa, os judeus já o consideravam um amigo e protetor, e esse sentimento se intensificou durante o pontificado dele, que durou cinco anos. Como Papa Clemente XIV, ele endossou os direitos dos judeus de viajar livremente, de administrar negócios fora de seus respectivos guetos, de praticar a medicina, de trabalhar como artesãos e de abrir pequenas fábricas de seda e chapéus. Do ponto de vista dos judeus, foi um dos melhores papas da história.

Nos séculos XIX e XX, o Papa Leão XIII – cujo pontificado de 25 anos, exercido entre 1878 e 1903, foi, à época, o segundo mais longo da história, atrás apenas do de Pio IX, antecessor do próprio Leão XIII[75] – saiu em defesa dos judeus e, em particular, do capitão Alfred Dreyfus, um militar francês e judeu falsamente acusado de traição em 1894. Esse fato histórico memorável raramente é mencionado nos relatos do Caso Dreyfus e nos livros sobre a história das relações entre católicos e judeus. Críticos do papa – como Kertzer, Carroll e Goldhagen, por exemplo – não o mencionam, mas é possível ler sobre o assunto no trabalho de Owen Chadwick, historiador britânico distinto e não politizado, especialista na história do cristianismo. Chadwick aponta em seu respeitado volume *A History of the Popes, 1830-1914* [«Uma história dos papas, 1830-1914»] que «protestantes do mundo todo condenam o papado pelo Caso Dreyfus, embora o papado não tenha tido nada a ver com o assunto. No que se refere às opiniões expressas publicamente, Leão XIII ficou do lado de Dreyfus»[76]. Outro fato histórico importante que os críticos papais omitem é que em 1892, dois anos antes do início do Caso Dreyfus, Leão XIII defendeu veementemente os judeus numa entrevista amplamente difundida, publicada pelo jornal francês *Le Figaro*.

Os papas e os judeus no século XX

O sucessor de Leão XIII, Papa Pio X (1903-1914), «foi o primeiro papa em séculos a vir do campesinato e a ascender das mais baixas posições eclesiásticas até o trono de São Pedro»[77], o que parece ter alimentado os sentimentos amistosos que ele nutria com relação aos judeus[78]. Nascido Giuseppe Sarto, ele passou os nove anos seguintes à ordenação como vigário e mais oito como pároco; depois, foi nomeado bispo de Mântua e, mais tarde, patriarca de Veneza. Sarto foi amigo dos judeus ao longo de sua carreira eclesiástica, defendendo-os contra a difamação e a violência. Também foi fundamental para brecar uma campanha política antissemita na Itália que já durava vinte anos[79].

Nos anos 1870, quando ainda era um jovem pároco, Sarto conheceu o judeu Romanin Jacur, de Pádua, engenheiro e político influente. A amizade entre os dois durou quarenta anos[80]. Jacur foi membro conservador do parlamento italiano por 39 anos (1880-1919), além de ter sido senador de 1920 até sua morte em 1928. Depois que Sarto se tornou papa, seu amigo de longa data tornou-se convidado frequente dos jantares no Vaticano e atuou como confidente do papa e conselheiro em uma série de questões judaicas (do antissemitismo na Rússia czarista às aspirações sionistas sobre a criação de um Estado judeu na Palestina). Pio X endossou as campanhas de reeleição de seu amigo Jacur e, depois da eleição geral de 1913, escreveu-lhe pessoalmente parabenizando-o pela «reeleição pacífica e triunfante»[81].

Quando era bispo de Mântua (1884-1893), Sarto pôde contar com a filantropia de famílias judias proeminentes, com as quais tinha amizade. De fato, quando o Papa Leão XIII lhe perguntou certa vez sobre quem eram os melhores cristãos da cidade, dizem que sua resposta foi: «Para falar a verdade, no que diz respeito à caridade, os melhores cristãos são os judeus»[82].

Como papa, encontrou-se com o líder sionista Theodore Herzl, que tentava angariar apoio para o estabelecimento de uma nação judaica na Palestina. O encontro ocorreu em 26 de janeiro de 1904. Mesmo os críticos de Pio X admitem que o simples fato de ele ter recebido Herzl foi historicamente significativo. Mais tarde, Herzl viria a recordar que, durante a conversa, o papa falou, entre outras coisas, sobre o templo em Jerusalém, e perguntou se já se havia pensado em reconstrui-lo e em retomar os serviços sacrificiais dos tempos antigos[83]. Pio também disse a Herzl que era feliz por ter tido vários amigos judeus desde os tempos de Mântua. «Ainda outra noite», acrescentou Pio, «dois judeus estiveram aqui para me ver. Há outros laços além dos religiosos: as relações sociais, por exemplo, e a filantropia»[84].

Em 1905, no rescaldo de uma nova onda de perseguições antissemitas, Pio X enviou uma carta com palavras contundentes aos bispos poloneses, recordando-lhes que a Igreja condenava a violência antissemita. Em 1913, durante o mais famoso julgamento do século XX acerca de um suposto caso de assassinato ritual – o julgamento do judeu russo Mendel Beilis –, Pio X não apenas reiterou a refutação pontifícia e a denúncia do libelo de sangue, como também ofereceu provas e testemunhos em carta enviada ao Lorde Leopold Rothschild, da Inglaterra.

O que motivou a carta foi o fato de um sacerdote católico ser testemunha-chave da acusação e pretender declarar que «os judeus assassinavam crianças cristãs por dever religioso». O padre também afirmava que os documentos papais que defendiam os judeus das acusações de assassinato ritual eram falsos. Assim, Pio X pediu a seu secretário de estado, Rafael Merry del Val, que escrevesse a Rothschild para confirmar a correção e a autenticidade tanto da bula papal em que Inocêncio IV determina a proteção dos judeus como do relatório que Lorenzo Ganganelli escreveu no século XVIII para refutar o libelo de sangue. A embaixada russa em Londres atestou a autenticidade da carta e encaminhou-a aos advogados de Mendel Beilis em Kiev; ali, a carta ajudou a absolver Beili. (Há evidências de que o próprio Czar Nicolau leu a carta escrita por del Val e pediu a oficiais russos que pressionassem o júri a emitir um veredito de absolvição.)

O Papa Bento XV (1914-1922) apagou os últimos vestígios de antissemitismo na mídia italiana «vinculada ao papa»[85] e, em 1916, condenou o antissemitismo em uma declaração amplamente difundida e publicada a pedido do American Jewish Comittee (que pedira ao papa que protestasse contra uma nova onda de antissemitismo na Polônia). Essa denúncia papal histórica do antissemitismo é outro fato que muitos livros não costumam mencionar.

Em 10 de maio de 1917, num esforço para conquistar o apoio do papa à Declaração Balfour, que advogava em favor da criação de um Estado judaico na Palestina, o grande líder sionista europeu Nahum Sokolow encontrou-se com Bento XV no Vaticano. Antes desse encontro com o Papa Bento, Sokolow teve vários encontros preliminares com Eugenio Pacelli, então secretário de Estado do Vaticano. Pacelli é apontado como o articulador da histórica audiência privada de 10 de maio, que durou bem mais do que a meia hora prevista. O Papa Bento XV pediu a Sokolow que explicasse o programa sionista, ouviu-o atentamente e, por fim, afirmou que tal programa estava de acordo com a vontade divina[86]. «Como a história mudou!», disse o papa a Sokolow. «Mil e novecentos anos se passaram desde que Roma destruiu seu país, e agora Vossa Excelência vem a Roma para restaurar aquela mesma terra!».

Mesmo quando a controversa questão dos lugares sagrados do cristianismo na Palestina surgiu na conversa, a boa vontade prevaleceu. «Não tenho dúvida», disse o papa, «de que atingiremos um acordo satisfatório». A audiência se encerrou com o papa dizendo: *«Si, si, io credo che saremo buoni vicini!»* («Sim, sim, creio que seremos bons vizinhos!»). Para enfatizar a ideia, ele repetiu essa última frase várias vezes[87].

Quatro meses depois, a boa vontade papal foi posta à prova e, de acordo com o filho de Sokolow, resultou na salvação da cidade de Tel Aviv:

> No outono de 1917, quando o exército britânico, sob o comando do General Allenby, lançou um ataque devastador e vitorioso contra a Palestina, o comandante-chefe turco Djemal Pasha precipitadamente ordenou que Tel Aviv fosse evacuada, o que poderia ter resultado na pilhagem ou mesmo na completa destruição da cidade. [...] Quem poderia ajudar? Sokolow acreditava que, dentre os intermediários neutros, o Vaticano era o que mais tinha condições de influenciar o governo turco, sobretudo depois que o próprio Sokolow soube que o delegado apostólico em Constantinopla, Mons. Dolce, tinha boas relações com os círculos oficiais da Turquia. Sokolow apelou ao Cardeal Gasparri [secretário de Estado do Vaticano], que, com o consentimento do papa, enviou instruções nesse sentido a Mons. Dolce. A intervenção do Vaticano surtiu o efeito desejado e a ordem de evacuação foi cancelada, salvando Tel Aviv da ruína certa[88].

«Um grande papa e um pacificador»: Pio XI e os judeus

Pio XI (1922-1939), um dos pontífices mais eruditos da era moderna, passou boa parte do início da sua carreira eclesiástica como diretor de dois dos maiores arquivos eclesiásticos do mundo: a Biblioteca Ambrosiana, em Milão, e a Biblioteca do Vaticano, em Roma. Após ter sido apontado por Bento XV núncio papal em Varsóvia, cidade onde trabalhou por três anos, foi nomeado arcebispo de Milão e tornou-se cardeal em junho de 1921. Menos de um ano depois, em fevereiro de 1922, elegeu-se papa. Embora também tenha conquistado alguma distinção por ter sido o primeiro papa a usar o rádio como meio de comunicação e «o primeiro papa a adotar o alpinismo como *hobby*»[89], um dos grandes legados do seu pontificado (se bem que isso foi esquecido nos dias atuais) foi o papel histórico que desempenhou como opositor do antissemitismo e defensor dos judeus.

Pio XI cultivara amizades com rabinos italianos e outros líderes judeus desde a época em que era diretor da Biblioteca Ambrosiana. Ali, frequentemente discutia manuscritos hebraicos com o rabino-chefe de Milão e outros notáveis da comunidade judaica da cidade. Como jovem padre em Milão, ele estudara hebraico com um rabino local, e o rabino-chefe da cidade pediu-lhe certa vez que rezasse por ele e pelo povo judeu. Foi durante o período em que foi núncio papal na Polônia que Pio confrontou pela primeira vez o antissemitismo, a perseguição e o sofrimento ao qual eram submetidos os judeus da Europa. Pouco depois de ter chegado a Varsóvia, uma onda de massacres eclodiu, matando vários judeus e destruindo lares de famílias, sinagogas e negócios pertencentes a judeus. O futuro papa ficou chocado ao presenciar o antissemitismo polonês e lutou amargamente contra ele, conforme amplamente documentado na biografia definitiva do pontífice escrita por Sir William Clonmore e intitulada *Pope Pius XI and World Peace* [«Papa Pio XI e a paz mundial»]. Quando núncio papal, Pio voltou sua atenção ao bem-estar do judaísmo polonês, observa Clonmore, e «deixou claro que quaisquer ataques antissemitas seriam severamente condenados pela Santa Sé»[90]. Além disso, ajudou pessoalmente os judeus que sofriam perseguições, e ajudou de maneira palpável. Instruído pelo Papa Bento a administrar e distribuir subsídios aos católicos na Polônia do pós-Primeira Guerra,

Pio distribuiu fundos não apenas entre os católicos, mas também entre os judeus necessitados que haviam perdido suas casas e seus negócios durante os ataques[91].

Em 1928, já papa, Pio XI aprovou um decreto do Santo Ofício (atual Congregação para a Doutrina da Fé) condenando o antissemitismo. Esse documento dissolvia a Sociedade Sacerdotal dos Amigos de Israel [*Opus sacerdotale Amici Israel*], uma associação de clérigos cujo objetivo era a conversão dos judeus, mas que tinha começado a publicar panfletos «manifestando sentimentos de ódio» contra o povo judeu[92]. Num dos trechos do decreto, é possível ler:

> Movida por essa caridade cristã, a Santa Sé sempre protegeu esse povo [isto é, os judeus] contra vexações injustas e, assim como reprova todo o rancor e todos os conflitos entre os povos, também condena, em particular, o ódio dirigido incondicionalmente ao povo um dia escolhido por Deus [...], ódio que costuma atender pelo nome de antissemitismo[93].

Numa carta pastoral de 10 de fevereiro de 1931, preparada por ordem do Vaticano e endereçada ao clero católico da Alemanha, os bispos de oito dioceses bávaras declararam que o então ascendente Partido Nacional-Socialista, de Adolf Hitler, rejeitava «as premissas básicas» do ensino católico. Ademais, os bispos bávaros «reconheceram o fato de que a ideologia que proclama a superioridade de uma raça e o antissemitismo derivado dessa ideologia eram contrários ao ensinamento cristão»[94]. Em novembro de 1931, o rabino-chefe de Milão visitou pessoalmente o Vaticano e agradeceu o papa por seus apelos contra a perseguição religiosa e por seu constante apoio aos judeus da Itália[95].

Conforme a década de 1930 foi se desenrolando, Pio XI veio a considerar Hitler «o maior inimigo de Cristo e da Igreja nos tempos modernos» e comparou Hitler a um anticristo. «A perseguição à Igreja Católica na Alemanha», declarou ele, foi obra de Hitler, «total e exclusivamente dele»[96]. Num de seus discursos natalinos anuais dirigidos ao Colégio dos Cardeais, Pio denunciou vigorosamente tanto o fascismo italiano como o fascismo alemão, e descreveu a suástica nazista como «uma cruz hostil à cruz de Cristo»[97]. Em 12 de março de 1937, Pio XI publicou sua famosa encíclica antinazista *Mit brennender Sorge* [«Com ardente preocupação»]. Endereçada aos bispos alemães e lida integralmente do púlpito de todas as igrejas católicas da Alemanha, a encíclica do Papa Pio produziu uma resposta raivosa do governo nazista em Berlim.

Mit brennender Sorge não menciona especificamente o antissemitismo nazista; em vez disso, a encíclica foca na maneira como o «paganismo agressivo» perseguia a Igreja Católica na Alemanha. Mas o papa chega perto de mencionar o nazismo ao dizer:

> Assim, aquele que quer ver a história bíblica e os sábios ensinamentos do Antigo Testamento banidos da Igreja e da escola, blasfema contra a palavra de Deus, blasfema contra o plano salvífico do Todo-poderoso e arvora um limitado e estreito pensar humano em juiz dos planos divinos. Nega a fé no verdadeiro Jesus Cristo, aparecido na realidade de sua carne[98].

O documento papal também afirma que:

> «Revelação», no sentido cristão, significa a palavra de Deus dirigida ao homem. O uso dessa palavra para «sugerir» questões sobre raça e sangue, para fazer referência às irradiações da história de um povo, só causa equívocos. Moedas falsas como essas não merecem fazer parte do tesouro vocabular dos cristãos[99].

Os nazistas certamente consideraram a *Mit brennender Sorge* um documento decididamente pró-judaísmo, e responderam com um ataque feroz contra o papado. O ministro de propaganda nazista chegou a fazer circular rumores de que Pio XI era meio-judeu e que sua mãe havia sido uma judia holandesa.

Em 1938, ao mesmo tempo em que o primeiro-ministro britânico, Neville Chamberlain, apaziguava Hitler em Munique, Pio XI surgia como um dos poucos líderes europeus a condenar inequivocamente o antissemitismo.

No fim da primavera desse ano, quando Hitler entrou triunfante em Viena após anexar a Áustria, Pio XI se enfureceu com o prelado daquele país, o cardeal Theodor Innitzer, que havia mandado tocar os sinos das igrejas locais e hastear a bandeira nazista. Em resposta, Pio convocou Innitzer a Roma para repreendê-lo e comunicou o fato «aos Estados Unidos por meio de canais diplomáticos, para que os governos do mundo soubessem qual era a posição do Vaticano com relação à Alemanha de Hitler»[100]. Quando Benito Mussolini «encheu as ruas de Roma com suásticas nazistas, por ocasião da visita oficial de Hitler em maio», o papa saiu da cidade com o intuito de demonstrar seu desprezo pelo *führer*. Enquanto Hitler ainda estava em Roma, o jornal do Vaticano, *L'Osservatore Romano*, publicou, por ordem do papa, um artigo de primeira página condenando o racismo nazista e proibindo os católicos de ensinar tais ideias[101].

Em 14 de julho de 1938, Pio ficou chocado ao saber que, sob a orientação de Mussolini, professores fascistas haviam emitido uma Declaração Racial na qual afirmavam que «os judeus não pertencem à raça italiana», que era «uma raça ariana pura»[102]. Em setembro de 1938, o governo de Mussolini anunciou uma primeira onda de leis antijudaísmo (outra onda viria dois meses depois). As chamadas «leis raciais», baseadas nas infames leis de Nuremberg promulgadas pelos nazistas, dispensavam professores judeus das escolas públicas e expulsavam crianças judias das escolas secundárias. Os judeus também foram dispensados do funcionalismo público, das forças armadas e banidos de outras instâncias da vida pública, como as universidades. O casamento entre judeus e católicos foi proibido, e os judeus passaram a não poder empregar cristãos em seus lares. Houve mais de uma ocasião em que Pio denunciou a legislação antijudaísmo de Mussolini.

2. OS PAPAS QUE DEFENDERAM OS JUDEUS

Em 6 de setembro de 1938, debilitado e com poucos meses de vida pela frente, Pio XI foi visitado por um grupo de peregrinos belgas. Recebeu um antigo livro de oração e leu uma das preces. Em seguida, disse:

É inevitável que eu sinta uma profunda emoção. O antissemitismo não é compatível com o pensamento e a sublime realidade que este texto expressa. Trata-se de um movimento de ódio, um movimento do qual nós, como cristãos, não podemos participar.

Com lágrimas nos olhos, concluiu: «O antissemitismo é inadmissível; espiritualmente, todos somos semitas».

Conforme apontam alguns estudiosos, «é bem possível que estas últimas palavras sejam as mais famosas que Pio XI já pronunciou»[103]. A Comissão do Vaticano sobre o Shoá[104], de 1998, acertadamente cita essas palavras como prova da constante oposição que Pio exerceu contra o antissemitismo e da atitude benevolente que o pontífice teve para com os judeus. David Kertzer observa que as palavras do papa não foram reproduzidas no jornal do Vaticano, *L'Osservatore Romano*, porque eram «informais e espontâneas [...] e não foram registradas em nenhum documento papal oficial»[105]. Outros jornais católicos europeus, no entanto, veicularam a notícia, e as palavras do papa ofereceram «inspiração para católicos que protegeram judeus durante o Holocausto»[106].

Durante os últimos meses de sua vida, o Papa Pio XI continuou a condenar o regime nazista e suas políticas antissemitas. Em novembro de 1938, depois da infame Noite dos Cristais – na qual foram destruídas centenas de sinagogas e lojas pertencentes a judeus na Alemanha –, Pio denunciou as atrocidades nazistas, instruiu o cardeal de Munique, Michael Faulhaber, a fazer o mesmo e pediu também ao cardeal que ajudasse o rabino-chefe de Munique a salvar os pergaminhos da Torá antes que o vandalismo se abatesse sobre a sinagoga onde ficavam armazenados[107]. Com relação ao banimento de judeus de teatros e de outros locais públicos (que fora uma iniciativa dos fascistas italianos), Pio pediu ao *L'Osservatore Romano* que o classificasse como um «ato de perseguição não cristã». Ele pediu aos cardeais católicos dos Estados Unidos e do Canadá que ajudassem estudiosos e professores judeus expulsos de seus cargos na Alemanha a encontrar emprego em universidades norte-americanas. Em 14 de janeiro de 1939, Pio falou ao corpo diplomático do Vaticano e disse aos embaixadores reunidos que obtivessem o maior número possível de vistos de entrada «para as vítimas da perseguição racial na Alemanha e na Itália»[108].

Desde junho de 1938, Pio XI vinha se ocupando da preparação de uma encíclica papal que condenaria diretamente o antissemitismo. A encíclica foi escrita com o máximo de sigilo depois de Pio haver se encontrado com um jesuíta americano, Pe. John LaFarge, em Castel Gandolfo (comuna onde se encontra a casa de veraneio do papa). LaFarge foi editor da revista jesuíta *America* e figurou entre os primeiros e mais destacados opositores das leis de segregação do sul dos Estados Unidos, como se vê em seu livro publicado em 1937 atacando o racismo e a segregação. Pio havia lido o livro e gostado dele, e pediu a LaFarge que lhe rascunhasse uma encíclica. LaFarge aceitou a encomenda do papa e pediu ajuda ao Pe. Wladimir Ledochowski, superior dos jesuítas na época, que ajudara o Papa Pio a escrever suas primeiras encíclicas papais. LaFarge concluiu um primeiro rascunho em setembro de 1938 e entregou-o ao Pe. Ledochowski em Roma, na expectativa de que o papa fosse recebê-lo imediatamente. Em vez disso, Ledochowski ficou com o rascunho por meses. O documento só chegaria às mãos de Pio XI quando o papa já estava em seu leito de morte. Pio morreu repentinamente em 10 de fevereiro de 1939, e a encíclica secreta morreu com ele. Nunca foi publicada como documento oficial do pontífice, mas permaneceu nos arquivos do Vaticano[109].

Os judeus fizeram luto pela morte de Pio XI. Em 11 de fevereiro de 1939, o rabino-chefe de Paris, Julien Weil, dirigiu a seguinte homenagem pública à memória do papa:

A morte de Sua Santidade Pio XI me emociona de maneira profunda e dolorosa. O judaísmo se junta, de maneira profundamente sincera, à veneração universal que existia em torno do augusto pontífice, admirando-o e honrando-o como servo de Deus, verdadeiro apóstolo da justiça social, da paz e da fraternidade humana. Em numerosas ocasiões, Pio XI denunciou, com luminosa firmeza e de maneira clara, os erros perniciosos do paganismo racista, além de ter condenado o antissemitismo por este ser irreconciliável com a fé cristã, por instigar iniquidades e violência raivosa. Estou certo de que expresso o sentimento de meus companheiros judeus ao saudar respeitosamente a grande figura de Pio XI, e ao dar, em nossas orações, uma expressão religiosa da nossa homenagem de pesar e gratidão a esse grande servo do Deus de justiça e de amor[110].

No dia seguinte, Léon Blum, ex-primeiro ministro francês e proeminente cidadão judeu, juntou-se ao Rabino Weil:

Um grande papa e um pacificador [...] [que] chamou para si a tarefa de alcançar a paz lutando contra os poderes racistas e contra a propagação de teorias racistas ao redor do mundo. [...] O que nos faz inclinar a cabeça diante de seu caixão é mais do que o respeito devido a seu grandioso cargo e a sua coragem inabalável.

Por sua vez, os líderes da Alliance Israélite Universelle, a organização comunitária central dos judeus franceses, escreveram para Roma dizendo:

Jamais esqueceremos a bondade e a coragem com as quais o papa defendeu todas as vítimas de perseguição, independentemente de raça e de religião, em nome de princípios eternos dos quais ele próprio foi o mais nobre porta-voz. [...] De fato, ele merece a nossa eterna gratidão e perpétua admiração[111].

Bernard Joseph, falando em nome da Agência Judaica, futuro governo do Estado de Israel, escreveu ao patriarca latino em Jerusalém:

> Juntamente com toda a humanidade civilizada, o povo judeu chora a perda de um dos maiores expoentes da luta em favor da paz internacional e da benevolência. [...] Em mais de uma ocasião, estivemos profundamente gratos a ele por sua postura sobre a perseguição de minorias raciais e, em particular, pela profunda preocupação que ele expressou com relação ao destino dos judeus perseguidos na Europa Central. Os nobres esforços do papa em benefício dos que foram perseguidos darão a ele um lugar cativo e eterno na memória do povo judeu, onde quer que esse povo venha a viver[112].

A edição de fevereiro de 1939 da *National Jewish Monthly*, prestigiado periódico judeu americano publicado pela B'nai B'rith, trouxe na capa uma foto de Pio XI e dedicou-lhe um editorial que o qualificava como um corajoso opositor do fascismo e do antissemitismo. «Deixando de lado questões pessoais relacionadas a crenças religiosas», dizem os editores da revista, «homens e mulheres do mundo todo que acreditam na democracia e nos direitos do homem saúdam a postura firme e inquebrantável do Papa Pio XI contra a brutalidade fascista, o paganismo e as teorias raciais». Os editores citam a seguinte afirmação feita pelo bispo Bernard J. Sheil, de Chicago:

> Exulto no fato de que o Papa Pio XI tenha sido a primeira voz internacional a condenar seriamente a pavorosa injustiça perpetrada contra o povo judeu por tiranias brutais. Sinto-me feliz e orgulhoso ao unir minha voz frágil à poderosa voz desse ilustre pontífice para denunciar essas cruéis tiranias que deitam o chicote cruel da perseguição às costas indefesas dos filhos de Deus – seja qual for sua raça, religião ou nacionalidade[113].

Essa era a tradição do papado, e continuou sendo a tradição de Pio XII, o papa seguinte. Longe de ser o papa de Hitler, ele se tornou um grande defensor do povo judeu, assim como haviam feito tantos papas antes dele. Mas as circunstâncias com as quais o Papa Pio XII se confrontou foram muito mais horrendas que os papas anteriores jamais puderam imaginar: a maior guerra da história mundial e um regime poderoso dedicado ao extermínio do povo judeu.

Capítulo 3
O futuro papa

Eugenio Pacelli nasceu em Roma no dia 2 de março de 1876 no seio de uma distinta e aristocrática família romana. A família Pacelli vinha servindo à Santa Sé desde 1819, ano em que o avô de Eugenio, Marcantonio Pacelli, chegou a Roma para estudar direito canônico. Marcantonio alcançou notoriedade durante o pontificado de Pio IX; à altura do ano de 1848, havia se tornado um dos conselheiros papais que mais desfrutavam da confiança do pontífice[1]. Em 1851, Pio IX o nomeou como subsecretário do interior dos Estados Papais, cargo que ocupou até 1870[2]. Pacelli também ajudou a criar o *L'Osservatore Romano* – jornal católico mais influente do mundo e voz «moral e política» da Santa Sé[3]. Marcantonio foi editor do periódico até falecer, em 1902, aos 102 anos de idade[4].

O pai de Eugenio, Filippo Pacelli, também foi um eminente advogado do Vaticano e atuou como conselheiro financeiro de confiança nos pontificados de Pio IX e Leão XIII. Além disso, Filippo foi membro proeminente da «Nobreza Negra» de Roma, grupo formado por aristocratas romanos e líderes civis que defenderam os papas contra a monarquia da Itália na amarga disputa em torno de um Estado italiano unificado. A unificação da Itália (com a inclusão de Roma) sob a monarquia liberal ocorreu em 1870 e trouxe aos judeus uma emancipação política e uma liberdade religiosa que eles jamais tinham experimentado.

Os primeiros dois judeus a serem membros do conselho da cidade de Roma foram eleitos em 1870, mesmo ano em que foi dissolvido o gueto judaico que existia na cidade[5]. As velhas barreiras à integração social entre católicos e judeus foram derrubadas, e os judeus se tornaram «totalmente integrados à sociedade e à política da Itália e tiveram acesso a carreiras [...] geralmente interditadas a eles no Ocidente»[6]. O envolvimento de Filippo Pacelli na política local (por duas vezes ele foi eleito membro do conselho da cidade) o colocou em contato direto com os judeus de Roma e lhe permitiu forjar uma amizade com seus dois colegas judeus no conselho. Em 1872, quando os liberais anticatólicos do conselho municipal propuseram a remoção da cruz que ficava na entrada do cemitério Campo di Verano, Samuel Altari, membro judeu do conselho e presidente de longa data da comunidade judaica, juntou-se a Filippo Pacelli na luta contra a resolução[7]. O papa, que sempre tivera relações amigáveis com Altari, observou: «Sempre soube que Samuele era o mais católico de todos os conselheiros da cidade»[8].

Os pais de Eugenio Pacelli frequentavam algumas das principais famílias judias de Roma, incluindo a dos Altari. Além disso, também puseram Eugenio numa das escolas mais liberais («de livre pensamento») financiadas pelo estado de Roma. Ali, Eugenio teve vários colegas judeus. Foi a primeira vez que um futuro papa teve acesso a todas essas experiências pessoais. Nenhum pontífice antes dele havia sido criado numa cidade onde a igualdade social e política e a liberdade religiosa dos judeus eram pressupostas. Tudo isso contribuiria para dar forma à antipatia de Eugenio pelo antissemitismo.

O irmão mais velho de Eugenio, Francesco Pacelli, seguiu a tradição da família e tornou-se um proeminente advogado canônico. Foi o principal ajudante do Cardeal Pietro Gasparri, secretário de Estado do Vaticano, durante as negociações com Benito Mussolini que levaram, em 1929, ao Tratado de Latrão[9]. O tratado criou um Estado

3. O FUTURO PAPA

do Vaticano soberano e independente e reconheceu o catolicismo romano como religião oficial da Itália – concessões históricas feitas depois de quase sessenta anos de hostilidades entre Estado e Igreja.

Inicialmente, imaginava-se que Eugenio seguiria a tradição da família Pacelli, que permaneceria leigo e se tornaria advogado canônico. Em vez disso, aos dezoito anos de idade, o jovem escolheu o sacerdócio e entrou para o prestigioso Almo Collegio Capranica[10] para iniciar o seminário. Linguista talentoso – e um dos melhores alunos da turma no seminário –, Eugenio tornou-se fluente em latim, grego, inglês, francês, alemão, espanhol, português, hebraico e aramaico. Depois de dar continuidade aos estudos na Pontifícia Universidade Gregoriana de Roma, Pacelli foi ordenado em 2 de abril de 1899, um domingo de Páscoa. Foi nomeado vigário da Igreja de Santa Maria in Vallicella (conhecida também como «Chiesa Nuova»), paróquia frequentada pela família Pacelli, onde ele um dia fora coroinha. Eugenio também continuou estudando e concluiu seu doutorado em teologia no ano de 1902; posteriormente, obteve um segundo doutorado em direito canônico e civil.

Com uma bagagem dessas, Eugenio Pacelli «nasceu para ser papa e já se encaminhava para isso mesmo antes de ser ordenado»[11], conforme observa o historiador Jose Sanchez. De fato, o talento de Eugenio foi imediatamente notado. O Papa Leão XIII criara um programa sob os auspícios da Sagrada Congregação dos Assuntos Eclesiásticos Extraordinários[12] para treinar jovens sacerdotes promissores de modo que eles viessem a ocupar posições diplomáticas dentro do Vaticano. Dois anos depois da ordenação de Pacelli, o Cardeal Gasparri, que recentemente fora escolhido como secretário do departamento em questão (e que futuramente viria a ser secretário de Estado do Vaticano), convidou-o para se juntar ao programa. Num primeiro momento, Pacelli hesitou, dizendo que preferia atuar «como pastor de almas»[13], mas o Cardeal Gasparri garantiu ao jovem padre que servir à Igreja como diplomata do Vaticano também era servir às almas[14].

Algumas semanas depois, o Papa Leão XIII escolheu Pacelli para entregar as condolências do Vaticano ao Rei Eduardo VII que perdera a mãe, a Rainha Vitória. Essa era mais uma prova de que o padre de 25 anos já começava a trilhar o caminho da grandeza no âmbito da Santa Sé[15]. Em 1908, Pacelli retornou à Inglaterra como representante do Vaticano no International Eucharistic Congress, em Londres. Nessa visita, conheceu Winston Churchill, então um jovem membro do parlamento ansioso por acabar com o anticatolicismo na vida pública inglesa[16]. Pacelli e Churchill, que tinham um ano de diferença de idade, tornaram-se amigos, e suas carreiras viriam a correr paralelamente uma à outra; à medida que Churchill ascendeu no parlamento britânico, Pacelli ascendeu como diplomata e estadista do Vaticano.

Em 1904, o Papa Pio X concedeu a Pacelli o título de monsenhor e o designou para auxiliar uma equipe de estudiosos sob supervisão do Cardeal Gasparri. A equipe se ocuparia da revisão e codificação das leis canônicas. Pacelli esteve envolvido com o projeto durante doze anos. Além disso, também foi *minutante* papal – o responsável por editar os discursos e minutas do papa – e enviado pessoal do papa ao imperador Franz Josef, da Áustria[17].

Por seu renome acadêmico, Pacelli foi convidado a assumir a cátedra de direito canônico numa universidade romana (em 1908) e na Universidade Católica da América (em 1911). Em ambos os casos, o Cardeal Gasparri convenceu Pacelli a recusar o convite e a continuar como diplomata. Em 1914, Pacelli sucedeu Gasparri (que fora promovido a secretário de Estado do Vaticano) como secretário da Sagrada Congregação dos Assuntos Eclesiásticos Extraordinários. Nesse novo cargo, Pacelli concluiu um acordo com a Sérvia, o primeiro de muitos tratados que viria a negociar. O acordo foi assinado apenas quatro dias antes do assassinato de Franz Ferdinand, arquiduque da Áustria, morto em Sarajevo[18]. Quando eclodiu a Primeira Guerra Mundial, Pacelli ficou responsável por manter um registro de prisioneiros de guerra e por organizar permutas envolvendo esses prisioneiros – um dos trabalhos humanitários que o Vaticano passou a empreender[19].

Durante os três anos seguintes, Pacelli foi braço direito de Gasparri, tendo ajudado a formular e esboçar todos os documentos oficiais preparados pelo secretário de Estado e assinados pelo Papa Bento XV. Muitos documentos papais importantes – incluindo a condenação do antissemitismo publicada pelo Vaticano em fevereiro de 1916 – foram esboçados e frequentemente propostos por Eugenio Pacelli.

Eugenio Pacelli e os judeus

Em 1914, Eugenio Pacelli foi nomeado o principal colaborador do Cardeal Gasparri na Secretaria de Estado, assumindo o cargo de pró-secretário. Àquela altura, os judeus tinham boa representação tanto no governo da Itália como no de Roma. Em 1907, Ernesto Nathan – amigo pessoal de Pio X – tornou-se o primeiro prefeito judeu de Roma. Já em nível nacional, nove deputados judeus foram eleitos em 1874 para compor o novo parlamento italiano (formado após a unificação da Itália, em 1870); em 1894, esse número subiu para quinze. Antes da virada do século, vários judeus já haviam se tornado estadistas veteranos no senado da Itália, cujos membros eram, naquela época, nomeados pela família real italiana; dentre eles estão Giuseppe Ottolenghi, primeiro general judeu da Itália e ministro da guerra a partir de 1902[20], e Isaac Artom, primeiro judeu a ocupar o cargo de subsecretário de Estado para assuntos externos (de 1870 a 1876) e primeiro judeu europeu a ocupar um alto posto diplomático fora de seu país de origem (foi nomeado embaixador da Itália na Dinamarca)[21].

O político ítalo-judeu mais bem-sucedido foi Luigi Luzzatti. Considerado um gênio do mundo financeiro, Luzzatti foi economista e professor de direito constitucional antes de ser eleito para o parlamento, em 1870. Teve uma carreira política ilustre, tendo sido ministro das finanças em três mandatos distintos: 1891-1892, 1896--1898 e 1904-1906. Também ocuparia outros cargos, como ministro da agricultura, ministro do comércio e da indústria, ministro do interior e secretário de Estado. Em 1910, tornou-se o primeiro judeu da Itália (e da Europa continental) a ocupar o cargo de primeiro-ministro – 26 anos antes de a França ter um primeiro-ministro judeu[22]. Político moderado, Luzzatti não partilhava do anticlericalismo feroz comum a vários políticos italianos.

Eugenio Pacelli via os políticos judeus como iguais, do ponto de vista social, e como amigos, do ponto de vista social e político. Depois da Primeira Guerra Mundial, e com o advento do governo fascista de Mussolini, na década de 1920, o parlamento italiano teve 24 deputados e onze senadores judeus[23]. Mas o primeiro lugar onde Pacelli viu o antissemitismo não foi na Itália, e sim na Alemanha.

O futuro papa vai à Alemanha

Em 1917, em plena Primeira Guerra Mundial, Pacelli foi nomeado núncio papal na Baviera. Antes de partir, o papa o ordenou bispo e, logo em seguida, promoveu-o a arcebispo. A indicação para atuar num país tão importante, aliada à rápida promoção de Pacelli (que tinha então 24 anos de idade), é mais uma prova de que seus contemporâneos o consideravam «o diplomata papal mais notável» daquela época[24]. Como núncio papal no reino da Baviera, ele era, para todos os efeitos práticos, o embaixador do papa em todo o território do Império Germânico, já que não havia núncio na Prússia[25]. Pacelli ficou responsável por fechar um novo acordo com a Baviera e por estabelecer relações diplomáticas com o restante da Alemanha[26]. Tendo esses objetivos em vista, Pacelli foi a Berlim em 1917 para se apresentar ao governo alemão, incluindo o Kaiser Guilherme II[27]. Até o fim da Primeira Guerra Mundial, Pacelli viveu em Munique, trabalhando como diplomata papal e se dedicando, sobretudo, ao bem-estar dos prisioneiros e vítimas civis da guerra[28]. Como embaixador de Bento XV (e, posteriormente, de Pio XI) na Baviera, Pacelli permaneceu na Alemanha por doze anos, retornando finalmente a Roma em 1929 para se preparar para a incumbência seguinte – o posto de secretário de Estado do Vaticano.

Um dos primeiros judeus que Pacelli conheceu e dos quais se aproximou ao chegar em Munique, em 1917, foi Bruno Walter, o brilhante maestro da Ópera de Munique. À época, Walter também acabara de chegar à cidade; ele era discípulo de Gustav Mahler e, como Pacelli era amante da ópera e devoto admirador de Mahler, os dois tinham muita coisa em comum. Walter (como Mahler) também se tinha convertido ao catolicismo.

Por incrível que pareça, a amizade entre Pacelli e Walter jamais é mencionada pelos críticos do Papa Pio XII, ou mesmo por seus defensores, que deixaram passar essa parte significativa da vida do papa. Walter, no entanto, revela em seu livro de memórias – *Tema e variações* – como Pacelli ajudou a libertar o músico judeu Ossip Gabrilowitsch, de quem Walter era amigo. Gabrilowitsch havia sido preso injustamente durante um massacre antijudeu na Baviera. Walter diz que, depois de tentar, sem sucesso, garantir a libertação do músico pelas autoridades alemãs, «apelamos ao núncio Pacelli, cuja nobre personalidade e o amor pela música eu conhecia bem. O núncio nos ouviu com compaixão e prometeu nos ajudar. No dia seguinte, Ossip era um homem livre»[29].

Graças às ações do «compreensivo e prestativo núncio Eugenio Pacelli», diz Walter, Ossip Gabrilowitsch pôde ir com a família para Zurique e, em seguida, para os Estados Unidos, onde se tornou fundador e diretor musical da Orquestra Sinfônica de Detroit. Surpreendentemente, Ossip Gabrilowitsch não é mencionado em nenhum dos livros já publicados sobre o Papa Pio XII. Ele é, no entanto, o primeiro de muitos judeus que Eugenio Pacelli ajudou a resgatar ao longo da sua trajetória como diplomata do Vaticano, secretário de Estado e, por fim, papa.

Os livros também não mencionam como Pacelli tentou impedir o assassinato do judeu Walter Rathenau, ministro das relações exteriores da Alemanha, em junho de 1922. O assassinato de Rathenau por extremistas alemães antissemitas mudou o curso da política alemã, contribuindo enormemente para o declínio e a instabilidade da República de Weimar.

Walter Rathenau era filho de um rico industrialista judeu e transformou a fábrica do pai em um dos maiores conglomerados industriais do mundo[30]. Mais tarde, trilhou uma longa carreira no governo alemão, primeiro como conselheiro econômico e, posteriormente, como diretor do Departamento de Fornecimento de Matérias-Primas, trabalhando sob o Ministério da Guerra alemão.

Joseph Wirth, membro proeminente do Partido Católico do Centro e ex-ministro das relações exteriores, tornou-se chanceler do novo governo de Weimar em maio de 1921[31] e nomeou Rathenau ministro da reconstrução. Em fevereiro de 1922, Wirth escolheu Rathenau para ocupar o posto de ministro das relações exteriores – uma escolha que desencadeou ameaças de morte contra Rathenau. Em maio de 1922, Pacelli confidenciou a Wirth que um padre lhe havia falado sobre a existência de um complô contra Rathenau[32]. Ao Conde Harry Kessler, amigo e biógrafo de Rathenau, Wirth fez o seguinte relato sobre a conversa com Pacelli:

> Em poucas frases, Pacelli me informou, de maneira simples e sóbria, que a vida de Rathenau estava em perigo. Eu não pude questioná-lo: a entrevista ocorreu em caráter estritamente privado. [...] Depois disso, o próprio Rathenau foi chamado. Eu implorei a ele [...] que não resistisse mais à proposta de receber maior proteção policial, [...] [mas] ele teimosamente recusou. [...] Com uma calma que eu jamais havia visto em toda a minha vida, [...] ele veio até mim, pôs as duas mãos nos meus ombros e disse: «Caro amigo, isso não é nada. Quem é que me faria mal?»[33].

A resposta veio no dia 24 de junho, quando um assassino parou o carro bem ao lado da limusine de Rathenau – que recusara escolta policial – e o matou com uma rajada de tiros à queima-roupa[34].

A carta de Munique

Um dos principais troféus de que os críticos de Pacelli costumam se valer para atacá-lo é uma carta que ele escreveu em 1919. O uso dessa carta, no entanto, é falso e enganoso, e o retrato que os críticos fazem das ações de Pacelli em Munique não tem qualquer fundamentação em fatos históricos.

Quando Pacelli chegou a Munique, a cidade era um foco de efervescência política devido às atividades do Partido Comunista Alemão, alinhado à União Soviética e liderado por Eugene Levine. O Partido Comunista Alemão, que fora cofundado por Rosa Luxemburgo, tinha um número crescente de membros, incluindo vários judeus seculares e altamente assimilados.

Em 7 de novembro de 1918, Levine e Kurt Eisner (outro judeu secular) lideraram uma revolução em Munique e estabeleceram a República Soviética da Baviera (que teve curta duração). A maioria dos diplomatas estrangeiros saiu de Munique, mas Pacelli permaneceu em seu posto e se tornou alvo da hostilidade e da violência dos bolcheviques. Numa ocasião, conforme reconhece John Cornwell, um carro metralhou a residência oficial de Pacelli; em outra, um pequeno grupo de bolcheviques invadiu a nunciatura, ameaçou Pacelli com revólveres e tentou roubá-lo; por fim, houve uma terceira ocasião em que uma turba de revolucionários bolcheviques enfurecidos atacou o carro de Pacelli e, aos berros, ameaçou virar o veículo[35]. Nos dois últimos episódios, Pacelli encarou os revolucionários, convencendo-os a interromper os ataques. Os bolcheviques, no entanto, conseguiram tomar o palácio real em Munique, que então se tornou a sede do governo revolucionário.

Sob o novo regime bolchevique, os diplomatas corriam perigo. Duas embaixadas foram invadidas; o cônsul-geral austro-húngaro foi preso sem acusação e mantido refém por várias horas[36]. Preocupado com a segurança das pessoas sob sua proteção, Pacelli enviou Mons. Lorenzo Schioppa para se encontrar com Eugene Levine, que agora comandava o Conselho dos Comissários do Povo na nova República Soviética da Baviera[37]. O encontro não correu bem. Levine alertou Mons. Schioppa de que Pacelli seria expulso caso fizesse qualquer coisa para se opor ao governo comunista – os comunistas «não precisavam» da nunciatura[38].

Pacelli escreveu uma carta a Roma falando sobre o encontro entre Schioppa e Levine. Em *O papa de Hitler*, John Cornwell traduz algumas frases cuidadosamente selecionadas dessa carta, numa tentativa de provar que Pacelli era antissemita. A passagem cuidadosamente selecionada, tal como traduzida por Cornwell (e aceita acriticamente por Daniel Jonah Goldhagen, outro crítico de Pio XII), diz o seguinte:

> Um bando de mulheres jovens, com aparência dúbia, judias como todo o resto, vagando pelos escritórios com postura lasciva e sorrisos sugestivos. O chefe dessa ralé era uma jovem mulher russa, uma judia divorciada, [enquanto o comandante] é um jovem de 30 ou 35 anos, também russo e também judeu. Pálido, sujo, com olhar errante, voz rouca, vulgar, repulsivo, com um rosto que revela, a um só tempo, inteligência e ardil[39].

Para Cornwell, essas palavras (refletindo as observações de Schioppa) provam que Pacelli era antissemita. Cornwell sugere que o uso das palavras «judia» e «judias», juntamente com as descrições pouco elogiosas dos revolucionários, dá a impressão de um «desprezo antissemita estereotipado»[40].

Na verdade, conforme observa o estudioso Ronald J. Rychlak, a tradução de Cornwell é «grosseiramente tendenciosa», já que, em vez de empregar termos neutros e próximos do original em italiano, faz uso de palavras pejorativas que sugerem antissemitismo. Por exemplo, a frase mais condenatória do trecho, «judias como todo o resto», é uma tradução distorcida e inquestionavelmente inexata do termo italiano *i primi*. A tradução literal seria «os primeiros», «os que acabo de mencionar». Da mesma forma, a palavra italiana *schiera* é traduzida por Cornwell como «bando» em vez de «grupo» (que seria uma tradução mais exata e mais apropriada). Ademais, o termo italiano *gruppo* também deveria aparecer como «grupo», e não «ralé»[41].

Deve-se observar que a carta de Pacelli tem seis páginas, mas Cornwell cita apenas dois parágrafos que descrevem «um incidente caótico num palácio real tomado por revolucionários»[42]. Embora esses parágrafos possam levar o leitor a concluir que todos no palácio estão sendo descritos como judeus, basta ler a carta por inteiro para notar que claramente não é esse o caso. De fato, quando lida integralmente, a carta não é antissemita. Rychlak, a meu ver, acerta ao dizer que o tom de antissemitismo foi introduzido «deliberadamente [...] pela tradução dúbia de Cornwell»[43].

Muitos dos líderes bolcheviques de Munique – como Kurt Eisner, Eugene Levine e Gustav Landauer[44] – eram judeus, e a mera constatação desse fato não constitui antissemitismo. Esses líderes eram, no entanto, judeus seculares, alienados da fé judaica e frequentemente afastados das próprias famílias. Tanto Pacelli como Schioppa tinham plena consciência disso. Reconheceram que a Igreja estava ameaçada pelo comunismo ateu militante. Eles não tinham medo nem ódio do judaísmo; a aversão deles se dirigia aos bolcheviques, e não aos judeus[45]. Ao registrar a descrição de Schioppa sobre os fatos que transcorreram no palácio em Munique, Pacelli não escrevia sobre judeus perseguidos, mas sobre os líderes de um governo revolucionário opressivo que havia ameaçado a Igreja[46].

Pacelli e os judeus

Mais reveladora do que a carta de Munique, redigida em 1919, é a longa amizade entre Eugenio Pacelli e Guido Mendes, um amigo judeu que Pacelli conheceu ainda nos tempos de escola e que viria a figurar entre os médicos e professores mais distintos de Roma. Mendes descendia de uma ilustre linhagem de médicos judeus cujas origens remontam a Fernando Mendes, médico da corte durante o reinado de Carlos II, da Inglaterra. Era filho de uma das mais eminentes famílias judias de Roma – uma família cuja casa Pacelli frequentou quando criança[47]. Pacelli foi o primeiro papa a ter participado, em sua juventude, de um jantar de Sabá num lar judeu e a ter discutido teologia judaica informalmente com membros proeminentes da comunidade judaica romana. Mendes recorda que Pacelli criou profundos vínculos de amizade com colegas judeus no prestigiado Collegio Romano Gymnasium[48], posicionou-se favoravelmente à fé e à cultura judaicas e foi convidado assíduo na residência dos Mendes. Ele chegou a pegar emprestados livros sobre filosofia e teologia judaicas da biblioteca da família[49], incluindo os volumes da *Teologia Dogmatica ed Apologetica* escrita no século XIX pelo rabino italiano Elia Benamozegh[50]. Mendes recorda também que Pacelli desejava aprender hebraico para poder ler as escrituras hebraicas.

É curioso que Guido Mendes não seja citado em nenhum dos livros sobre a vida de Pio XII. Isso impressiona ainda mais no caso de John Cornwell, que dedica um espaço considerável ao que alega serem influências antissemitas que Pacelli recebeu de seus professores de escola. De acordo com Cornwell, o diretor da escola de Pacelli «tinha o hábito de fazer discursos do alto do seu gabinete sobre "a dureza de coração" ou a obstinação dos judeus»[51]. O diretor, diz Cornwell, «sabia que as impressões interiorizadas pelas crianças jamais são perdidas»[52], e Pacelli, ainda segundo o autor, «certamente foi influenciado em sala de aula pelos comentários do diretor a respeito da obstinação dos judeus»[53] – comentários que tinham «potencial para reforçar, entre alunos jovens e impressionáveis, uma convicção prevalecente entre os católicos que ignoram a existência do antijudaísmo (quanto mais do antissemitismo): a de que os judeus eram responsáveis por seus próprios infortúnios»[54]. Essa visão, diz Cornwell, tinha por objetivo «encorajar os representantes da Igreja Católica nos anos 1930 a fazer vista grossa para o antissemitismo nazista que crescia na Alemanha»[55].

O problema da análise e do argumento de Cornwell é que eles se baseiam numa tradução equivocada de algo que foi dito pelo diretor da escola italiana onde Pacelli estudou. Cornwell se apoia na tradução inglesa de uma biografia de Pio XII escrita por Nazzareno Padellaro. A versão original dessa obra, no entanto, revela que o diretor não instigou os alunos «contra judeus de cabeça dura», mas sim «contra alunos que vivem com a cabeça nas nuvens»[56].

Mais importante do que os erros de tradução nas falas do diretor escolar foi o papel de Pacelli na redação de um comunicado papal emitido em 1916, no qual Bento XV condenava o antissemitismo[57].

Em 30 de dezembro de 1915, o American Jewish Committee havia acorrido ao Papa Bento para que ele utilizasse sua influência moral e espiritual para condenar os ataques antissemitas que haviam irrompido na Polônia, matando centenas e ferindo milhares de judeus. Escrita em resposta à situação cada vez mais crítica dos judeus poloneses, a declaração do papa dizia:

> O sumo pontífice [...], como líder da Igreja Católica – a qual, fiel à sua divina doutrina e às suas tradições mais gloriosas, considera todos os homens como irmãos e os ensina a amar uns aos outros –, jamais cessa de difundir entre as pessoas e os povos a importância de observar os princípios da lei natural e de condenar tudo aquilo que os viola. Essa lei deve ser observada e respeitada pelos filhos de Israel, bem como por todas as outras pessoas, pois não seria conforme à justiça ou à religião afastar-se dessa lei apenas por causa de questões ligadas à confissão religiosa. Neste momento, o sumo pontífice sente em seu coração paterno [...] a necessidade de que todos os homens se lembrem de que são irmãos, e de que a salvação deles está na volta à lei do amor, que é a lei do Evangelho[58].

Hoje em dia, a declaração de Bento XV em favor dos judeus da Polônia é reconhecida como a primeira expressão relevante da oposição do papado ao antissemitismo no século XX. O historiador judeu Abraham A. Neuman nota que o «dramático apelo à Sua Santidade, o Papa Bento XV, gerou comentários e elogios pelo mundo todo e [...] ajudou a mitigar o sofrimento dos judeus poloneses no pós-guerra»[59]. Líderes judeus viam o papa, o Cardeal Gasparri e Mons. Pacelli como defensores, não como inimigos.

A declaração de Bento XV condenando o antissemitismo foi publicada pelo *New York Times* em 17 de abril de 1916, sob a manchete: «Bula papal prega igualdade para os judeus». Também foi reimpressa pelo periódico *La Civiltà Cattolica* no dia 28 de abril de 1916 e pelo *Tablet* (de Londres) no dia seguinte[60]. Mesmo assim, esse comunicado histórico e memorável – um dos mais importantes documentos oficiais do Vaticano dentre os que tratam dos judeus e do judaísmo – jamais é mencionado por Cornwell, Goldhagen ou qualquer outro dos críticos recentes de Pio XII. Também passa sem menção por outros críticos do papado moderno, como David Kertzer.

Outro personagem ignorado ou esquecido por esses críticos papais é Cyrus Adler, o líder judeu americano que ajudou a redigir o apelo do American Jewish Committee ao Papa Bento XV. Por quase cinquenta anos, Cyrus Adler ocupou um lugar único na vida pública dos judeus americanos, tendo sido presidente da American Jewish Historical Society, do Seminário Teológico Judeu e de outras instituições judaicas de vulto[61]. Numa visita a Roma em 1917, Adler conheceu Pacelli e ficou impressionado com «o grande conhecimento e a grande experiência» dele[62]. Foi a primeira vez que Pacelli, no papel de diplomata do Vaticano, se encontrou com uma importante figura da comunidade judaica americana, e o encontro foi um imenso sucesso. Adler agradeceu Pacelli pela declaração do Vaticano condenando o antissemitismo. Segundo ele, Pacelli havia manifestado sua oposição à perseguição religiosa e à discriminação. Conforme Adler recorda em seu livro de memórias, ele e Pacelli estavam «lutando pelas mesmas coisas»[63] – liberdade religiosa e direitos civis para todas as minorias religiosas, incluindo católicos e judeus.

O diálogo que Adler e Pacelli iniciaram durante a Primeira Guerra avançaria nos anos subsequentes. Em 1936, quando Pacelli (então secretário de Estado do Vaticano) visitou os Estados Unidos, novamente se encontrou com Adler, e também teve um encontro privativo com dois outros líderes judeus, o juiz Joseph Proskauer e Lewis S. Strauss, com os quais discutiu questões que eram do interesse tanto de católicos como de judeus.

Pacelli e o Pe. Coughlin

A visita de Pacelli aos Estados Unidos em 1936 foi a primeira feita por um secretário de Estado do Vaticano ao país norte-americano. Durante um período de trinta dias, ele percorreu 25 mil quilômetros de avião; visitou inúmeros seminários e faculdades católicas, escolas de conventos, monastérios, paróquias e hospitais espalhados pelo país. Pacelli foi ao topo do Empire State, acompanhou sessões de filmagem de um filme de Hollywood e esteve no Grand Canyon, no Fisherman's Wharf (em São Francisco) e nas Cataratas do Niágara. Apelidado de «Cardeal Voador»[64] pela imprensa, Pacelli teria se emocionado «com a vista aérea das montanhas, planícies, desertos e florestas do país»[65]. Guardou na memória a visita feita aos Estados Unidos como uma viagem que deixou «em mim a impressão mais profunda de toda a minha vida»[66]. O destaque dessa visita foi uma reunião particular que teve com Franklin Roosevelt na casa do presidente em Hyde Park. A reunião ocorreu no dia 6 de novembro de 1936, dois dias depois da reeleição de Roosevelt, e marcou a primeira vez em que um secretário de Estado do Vaticano e um presidente dos Estados Unidos se encontraram em solo americano. Para os judeus americanos, o ponto mais importante da visita foi o trabalho de bastidores que o secretário de Estado do Vaticano fez para silenciar

Charles Coughlin, o notório «padre do rádio». O assunto veio à tona na reunião entre Pacelli e Roosevelt.

Roosevelt convocara a reunião por um motivo muito simples: desejava tirar do ar um programa de rádio anti-New Deal comandado pelo Pe. Coughlin, de Detroit. As transmissões de rádio que Coughlin fazia nas tardes de domingo (e nas quais frequentemente destilava antissemitismo e diatribes contra Roosevelt) haviam se tornado enormemente populares nos Estados Unidos e eram ouvidas por trinta milhões de pessoas[67]. O demagógico padre havia apoiado Roosevelt em 1932, mas agora era temido pelo presidente e por sua administração. Politicamente, Coughlin alinhava-se ao democrata Huey Long, governador da Louisiana e crítico raivoso de Roosevelt. Segundo a estimativa de um democrata, «uma chapa independente com Long e Coughlin podia tirar até seis milhões de votos de Roosevelt, garantindo a vitória dos republicanos»[68]. Ainda que Long tivesse sido assassinado em 1935, Roosevelt continuava vendo Coughlin como uma ameaça e pensava que as transmissões do padre – nas quais o presidente era atacado e chamado de «mentiroso», «anti-Deus» e comunista – podiam lhe custar milhares de votos católicos, que eram uma parte crucial da base de apoio ao New Deal[69].

O primeiro objetivo da reunião – silenciar o Pe. Coughlin – foi alcançado imediatamente. Embora Pacelli jamais tenha revelado o que disse a seu colega sacerdote, Coughlin anunciou, em 8 de novembro, que aquela seria sua última transmissão[70]. O padre atribuiu a decisão à indiscutível vitória eleitoral de Roosevelt (em 1936, ele vencera em todos os estados, à exceção de Maine e Vermont) em vez de mencionar a interferência de oficiais do Vaticano. Anos depois, no entanto, Coughlin admitiu que havia sido «silenciado». Durante a visita que fez aos Estados Unidos, Pacelli «conversou com membros do alto escalão do governo, e essas conversas foram como que um pacto informal», escreveu Coughlin em uma carta datada de 1954. «Mesmo pequeno como sou, foi necessário silenciar minha voz»[71].

Além de ter detido Coughlin, Pacelli alcançou seu próprio objetivo diplomático: obter do presidente Roosevelt a promessa de indicar um representante oficial dos Estados Unidos na Santa Sé. Essa tradição diplomática fora quebrada em 1870, quando o papa perdeu seu poder temporal e o governo americano julgou não haver base legítima para a existência de laços diplomáticos oficiais entre Washington e o Vaticano[72]. Roosevelt assegurou a Pacelli que nomearia um enviado pessoal à Santa Sé – um diplomata que atuaria de maneira informal, que seria indicado pelo presidente e que não dependeria de confirmação do senado. Roosevelt cumpriu a promessa em dezembro de 1939, logo antes do Natal, ao indicar Myron C. Taylor como seu representante pessoal no pontificado de Pio XII[73]. Indicado novamente pelo presidente Truman, Taylor permaneceu no posto até 1950.

Um cardeal enfrenta os nazistas

O encontro de Pacelli com líderes judeus nos Estados Unidos e o fato de ele ter silenciado o Pe. Coughlin ganha importância especial no contexto de um acontecimento que se deu três anos antes: a concordata[74] celebrada pela Santa Sé com a Alemanha em 1933. Essa é mais uma questão que os críticos de Pio XII usaram para atacá-lo. As concordatas foram um instrumento fundamental da diplomacia papal por mais de um século, pelo menos desde as polêmicas concordatas celebradas pelo Papa Pio VII e Napoleão Bonaparte em 1801[75]. De fato, como bem observa o historiador Eamon Duffy, da Universidade de Cambridge, em sua história do papado moderno:

> O século XIX seria o século das concordatas, à medida que os papas barganhavam com as monarquias da Europa e de outros lugares, [...] com a Baviera e a Sardenha em 1817, com a Prússia e as províncias do Reno Superior em 1821, com Hanôver em 1824, com a Bélgica em 1827, com a Suíça em 1828 e novamente em

1845, com o Reino das Duas Sicílias em 1834, e assim por diante, ao longo de todo o século, em mais de vinte acordos semelhantes[76].

E as concordatas continuariam sendo um marco da diplomacia do Vaticano no início do século XX: entre 1919 e 1933, aproximadamente 38 concordatas, tratados e acordos foram assinados pelo Vaticano com Estados estrangeiros[77].

A *Reichskonkordat* (Concordata do Reich, como veio a ser conhecida a concordata estabelecida entre o Vaticano e a Alemanha nazista em 1933) é considerada um dos acordos mais controversos dentre aqueles firmados pelo Vaticano no século XX[78]. Críticos da Concordata do Reich afirmam que ela silenciou católicos alemães que poderiam ter se oposto abertamente a Hitler e mantido o *führer* sob controle. Jose Sanchez, no entanto, defende o contrário e aponta, de maneira convincente, que a concordata foi uma medida diplomática pragmática e moralmente defensável cujo objetivo foi proteger católicos alemães e a relativa liberdade da Igreja Católica na Alemanha. «Os alemães haviam proposto a concordata», recorda Sanchez; se o Vaticano a tivesse «rejeitado de pronto, poderia prejudicar os direitos dos católicos na Alemanha»[79]. A concordata também foi moralmente defensável do ponto de vista dos judeus alemães, já que havia sido assinada em julho de 1933, muito antes que Hitler tivesse promulgado quaisquer legislações ou decretos antissemitas.

Ao contrário do que alegam os críticos de Pacelli, a concordata não acelerou o colapso do católico Partido do Centro. O Vaticano queria firmar a concordata «primeiramente para proteger os católicos alemães em situações políticas nas quais o protetor tradicional, o Partido do Centro, não mais existisse»[80]. O Partido do Centro fora fundado durante o pontificado de Pio IX para defender os católicos na época em que o chanceler Otto von Bismarck liderou uma campanha contra eles: o *Kulturkampf*. A influência do Partido do Centro, no entanto, havia sofrido uma queda significativa durante os últimos anos da República de Weimar. À altura de 1933, o partido mal podia ser considerado uma força política. De fato, no dia 5 de julho de 1933, duas semanas antes que a concordata fosse assinada, os membros do partido decidiram dissolvê-lo[81]. Conforme admite James Carroll, não sem relutância, «mesmo antes que a concordata fosse assinada, o Partido do Centro já deixara de existir»[82].

Não obstante, o suposto papel do Vaticano – e de Pacelli – na derrocada do Partido do Centro ainda causa debates acirrados. Cornwell afirma que Pacelli bombardeou o Partido do Centro para forjar uma aliança profana com Hitler e que o Vaticano se apressou em assinar a concordata como forma de consolidar o controle da Santa Sé sobre a Igreja Católica na Alemanha, algo que fazia parte do esforço perene de Pacelli para centralizar toda a autoridade no Vaticano. Contrariamente às asserções de Cornwell, a concordata não pôs fim à oposição do clero católico alemão ao regime nazista. De fato, ao defender esse ponto de vista, Cornwell e outros críticos virtualmente ignoram as volumosas evidências em contrário que constam dos registros históricos[83].

Críticos de Pacelli argumentam que Hitler fez pressão para que a concordata fosse assinada porque desejava dar legitimidade moral ao regime nazista. Conforme aponta Sanchez, no entanto, a concordata não deu nenhuma aprovação moral ao regime de Hitler. De fato, quando Hitler tentou fazer tal afirmação, saudando o «reconhecimento do presente governo» por parte do Vaticano, Pacelli o contestou em dois artigos publicados no *L'Osservatore Romano*. «A Igreja simplesmente negociou um tratado; nada mais», disse Pacelli[84]. A concordata não implicava endosso moral nem a Hitler nem ao nazismo; esse tipo de tratado não tinha esse objetivo. Quando Pio VII assinou uma concordata com Napoleão em julho de 1801, não havia ali qualquer tipo de endosso moral; na verdade, o papa veio a ser um dos maiores opositores de Napoleão. Diplomatas do Vaticano negociaram acordos tanto com monarquias constitucionais como com ditaduras revolucionárias por mais de um século, sempre com o objetivo de proteger os direitos dos católicos, e não de endossar regimes tirânicos.

Em 11 de agosto de 1933, em conversa particular com Ivone Kirkpatrick, embaixador britânico no Vaticano, Pacelli expressou «repugnância e aversão» ao reino de terror de Hitler. «Ele tinha que escolher [entre] um acordo em termos [nazistas]», diz Kirkpatrick, «e a virtual eliminação da Igreja Católica no Reich»[85]. Durante as negociações da concordata, Hitler prendera 29 sacerdotes católicos, empreendera operações de busca em dezesseis clubes de jovens católicos e ordenara o fechamento de nove publicações católicas – tudo isso num espaço de três semanas[86]. Em 19 de agosto de 1933, o embaixador Kirkpatrick relatou o seguinte ao Ministério das Relações Exteriores do Reino Unido: «Sua Eminência, o cardeal secretário de Estado, foi extremamente franco e não fez qualquer esforço para esconder sua aversão aos procedimentos adotados pelo governo de Hitler». Ressaltou ainda um ponto importante:

> O Vaticano normalmente procura ver ambos os lados de qualquer questão política, mas nessa ocasião não houve qualquer palavra de apaziguamento ou justificação. [...] [O cardeal Pacelli] abominou as ações domésticas do governo alemão, as perseguições aos judeus, [...] o reino do terror a que toda a nação estava submetida. [...] Essas reflexões sobre a iniquidade da Alemanha levaram o cardeal a explicar, em tom de justificativa, por que ele assinou uma concordata com aquela nação. Segundo ele, uma pistola lhe fora apontada para a cabeça, e ele não teve escolha; [...] além disso, teve apenas uma semana para tomar uma decisão. [...] Se os alemães violassem a concordata – e eles certamente o fariam –, o Vaticano pelo menos teria um tratado com base no qual seria possível protestar[87].

Estudos recentes corroboram a argumentação dos defensores de Pio: a Concordata do Reich não teve a intenção de dar legitimidade moral ao regime nazista. Embora também faça críticas a Pio XII, o professor John Conway, da Universidade de British Columbia, diz:

A instauração da Concordata do Reich com o regime nazista em 1933 [...] não deve ser vista como um sinal da aprovação do Vaticano, [...] mas sim como uma tentativa de controlar o fervor revolucionário imprevisível [do regime] a partir dos limites de um determinado enquadramento jurídico[88].

O historiador alemão Konrad Repgen concorda que, do ponto de vista da Igreja Católica, a concordata «não foi uma aliança, mas sim um instrumento de defesa»[89].

Sem dúvida há outro fator que devemos considerar quando o mito do papa de Hitler está em questão. Por que Pacelli nunca esteve com Hitler? Pacelli jamais falou ou esteve com Hitler – nem durante as negociações da Concordata do Reich, nem na época em que foi núncio papal, nem depois que se tornou papa. Durante a famosa visita de Hitler a Roma em 1938, Pacelli (juntamente com Pio XI) esnobou os nazistas de maneira bastante pública, não quis se encontrar com o *führer* e saiu de Roma para ir à casa de veraneio papal em Castel Gandolfo. Ninguém acusa Neville Chamberlain de ter sido o «primeiro-ministro de Hitler» por causa do Acordo de Munique[90]; da mesma forma, não é justo chamar Eugenio Pacelli de «papa de Hitler» por ele ter tentado proteger os direitos dos católicos contra um regime perigoso que o próprio Pacelli desprezava.

Pode ser mesmo que o ponto principal aqui seja a justiça. A malícia do título *O papa de Hitler* é reforçada pela sobrecapa enganosa do livro: uma foto de Pacelli (então núncio papal em Berlim) saindo de uma recepção oferecida ao presidente constitucionalmente eleito da Alemanha, Paul von Hindenburg, em 1927. A foto é muito utilizada por aqueles que desejam retratar Pio XII com viés desfavorável; nela, ele aparece trajando vestes diplomáticas formais (que podem facilmente ser confundidas com vestes papais) e sendo saudado por dois soldados alemães da República de Weimar enquanto sai de um prédio do governo alemão. Os capacetes característicos dos soldados alemães podem levar o leitor a pensar que esses soldados da República de Weimar são, na verdade, soldados do Terceiro Reich. O uso dessa foto sob o título *O papa de Hitler* dá a impressão de que Pio XII havia acabado de sair de uma reunião diplomática amigável com Adolf Hitler. «Espera-se que o leitor casual», sugere o historiador Philip Jenkins, «infira que Pacelli acaba de sair de um agradável *tête-à-tête* com Hitler. Será que os dois estavam conversando sobre a construção de um novo campo de extermínio?»[91]. «Talvez uma imagem jamais minta», conclui Jenkins, «mas essa capa de livro em particular – publicada no contexto em que foi publicada, e sob o título *O papa de Hitler* – chega perto»[92]. Para piorar a situação, a legenda da edição britânica do livro diz o seguinte: «A foto de capa mostra o cardeal Pacelli, futuro Papa Pio XII, saindo do palácio presidencial em Berlim em março de 1939» – claramente uma informação falsa.

A edição americana de *O papa de Hitler* não traz a legenda errônea, mas faz uso da mesma foto, que parece ter sido intencionalmente desfocada: Pacelli é visto com clareza, mas a imagem do soldado à sua esquerda está fortemente borrada, talvez para tornar o uniforme do soldado alemão ainda mais ambíguo. Como a foto da capa britânica não está desfocada, e como Pacelli pode ser visto perfeitamente na capa da edição americana, alguns comentadores concluíram que a «Viking Press alterou a foto intencionalmente para respaldar a tese do autor»[93]. A seleção da foto não foi erro da editora; o próprio Cornwell admitiu numa entrevista ter aprovado pessoalmente a imagem selecionada pela Viking Press.

O cardeal «amigo dos judeus»

É particularmente irônico que Pacelli tenha sido caluniado com a alcunha de «papa de Hitler» ao mesmo tempo que foi chamado de «amigo dos judeus» pelos nazistas. Na verdade, de 1933 a 1945, tanto antes como depois de ser eleito papa, Pacelli era tido – por quase todo mundo e sobretudo pelos nazistas – por opositor incansável do nazismo. As críticas de Pacelli ao Nacional Socialismo eram anteriores ao regime de Hitler. Já em 14 de novembro de 1923, cinco dias antes que Hitler tentasse – sem sucesso – tomar o poder em Munique, Pacelli escreveu ao Cardeal Gasparri denunciando o movimento Nacional Socialista de Hitler e mostrando-se favorável à defesa contundente dos judeus da Baviera, tal como empreendida pelo cardeal de Munique, Michael Faulhaber[94]. Dos 44 discursos pronunciados por Pacelli como núncio papal na Alemanha entre 1917 e 1929, quarenta denunciavam algum aspecto da ideologia nazista emergente.

No dia 4 de abril de 1933, Pacelli, já secretário de Estado do Vaticano, pediu ao núncio papal em Berlim que advertisse o regime de Hitler contra as perseguições aos judeus alemães[95]. A carta de Pacelli foi escrita em resposta aos apelos de líderes judeus. Esses líderes, escreve Pacelli, «apelaram ao Santo Padre para pedir que ele interviesse contra o perigo dos excessos antissemitas na Alemanha; [...] o Santo Padre pede a Vossa Excelência» – isto é, a Mons. Cesare Orsenigo, núncio em Berlim – «que passe a se "envolver" ativamente em favor da causa dos judeus alemães»[96]. Essa carta é mais um documento que os críticos de Pacelli nunca citam.

Em 1962, o Pe. Robert Leiber, assistente de Pacelli antes e depois que ele se tornasse papa, escreveu um artigo sobre o contexto do documento intitulado *Mit brennender Sorge* (a já mencionada encíclica antinazista que Pacelli ajudou a elaborar e que foi publicada por Pio XI em 1937). «É significativo», escreve Leiber,

> que a *primeira* iniciativa da Santa Sé com relação ao governo em Berlim dissesse respeito aos judeus. Já em 4 de abril de 1933, dez dias depois da aprovação da Lei Plenipotenciária, o núncio apostólico em Berlim [isto é, Orsenigo] recebeu ordens de Pio XI e do cardeal Pacelli para interceder junto ao governo do Reich em

favor dos judeus, apontando todos os perigos contidos nas políticas antissemitas[97].

No passado, alguns céticos já chegaram a questionar o testemunho de Leiber por ele ter sido amigo próximo de Pacelli, mas a autenticidade da carta escrita pelo então secretário de Estado – que foi disponibilizada aos pesquisadores – já está mais do que comprovada. Historiadores, arquivistas e oficiais do Vaticano confirmam que ela é verdadeira[98]. O *timing* da carta de Pacelli é um dado importante, já que em 1º de abril de 1933 o novo governo de Hitler anunciou um enorme boicote a empresas pertencentes a judeus. Três dias depois, Pacelli enviou as ordens supracitadas ao núncio papal em Berlim. Os críticos de Pacelli normalmente ignoram a carta.

Os críticos também ignoram o fato de a imprensa nazista ter ridicularizado Pacelli ao longo dos anos 1930, caracterizando-o como um cardeal «amigo dos judeus» por causa dos mais de 55 protestos que enviou ao regime nazista durante a sua passagem na Secretaria de Estado do Vaticano. A oposição aberta que Pacelli fez ao nazismo levou o regime de Hitler a fazer campanha contra ele durante a escolha do sucessor de Pio XI[99]. No dia seguinte à eleição, o jornal berlinense *Morgenpost* lamentou: «A eleição do cardeal Pacelli não é bem vista na Alemanha, já que ele sempre se opôs ao nazismo e praticamente determinou as políticas [pró-judeus] do Vaticano sob Pio XI»[100].

Em março de 1935, numa carta aberta ao bispo de Colônia, Pacelli chamou os nazistas de «falsos profetas com orgulho luciferino»[101]. No mesmo ano, dirigindo-se a uma enorme multidão de peregrinos em Lourdes, Pacelli atacou as ideologias «possuídas pela superstição da raça e do sangue»[102]. Dois anos depois, na Catedral de Notre Dame, ele descreveu a Alemanha como «aquela nobre e poderosa nação que maus pastores desejam desencaminhar na direção de uma ideologia de raça»[103]. Pacelli disse a alguns de seus amigos que os nazistas eram «diabólicos»; à Madre Pascalina, sua secretária de longa data, disse que Hitler «é completamente obcecado». «Tudo aquilo que não tem utilidade para ele, ele destrói; [...] esse homem é capaz de passar por cima de corpos humanos»[104]. Num encontro com o herói antinazista Dietrich von Hildebrand, Pacelli declarou: «Não há reconciliação possível» entre o cristianismo e o racismo dos nazistas; essas duas coisas são como «fogo e água»[105].

O cardeal também expressou suas firmes convicções antinazistas em conversas reservadas com dois diplomatas americanos em 1937 e 1938. Alfred W. Klieforth, cônsul-geral dos Estados Unidos em Berlim, descreveu uma memorável reunião de três horas com o futuro papa em 1937. Durante a reunião, ficou claro que Pacelli «considerava Hitler não apenas um canalha em quem não se deve confiar, mas também uma pessoa fundamentalmente perversa»[106]. Num relatório oficial sobre o encontro de 1937, posteriormente arquivado por Klieforth no Departamento de Estado, o diplomata observa ainda que o cardeal «não acreditava que Hitler fosse capaz de moderação, a despeito das aparências», e que Pacelli «se opunha categoricamente a qualquer concessão feita ao nacional-socialismo»[107].

Pacelli era também amigo de Joseph P. Kennedy, o empresário e diplomata americano, patriarca da famosa dinastia política. Durante um encontro reservado no Vaticano em abril de 1938, Pacelli entregou a Kennedy – então embaixador dos Estados Unidos no Reino Unido –, a cópia de um memorando confidencial. O memorando fora escrito por Pacelli e discutia detalhadamente o motivo pelo qual ele se opunha ao nacional-socialismo (um dos motivos era o ataque «ao princípio fundamental da liberdade de prática religiosa»). A maior parte do memorando, sobre o qual Pacelli e Kennedy conversaram, dedicava-se à denúncia dos bispos austríacos que haviam publicado uma declaração de apoio à ocupação nazista da Áustria. Pacelli acreditava que os bispos austríacos haviam sido coagidos e disse a Kennedy que a Igreja por vezes se sentia «impotente e isolada em sua luta diária contra todo tipo de excesso político dos bolcheviques e dos novos pagãos, que agora se erguem dentre as gerações "arianas"». Pacelli disse a Kennedy que as «evidências de boa-fé» por parte dos nazistas eram «completamente inexistentes» e que a «possibilidade de um acordo» ou de «concessões políticas» estava, no caso do regime nazista, «fora de questão»[108]. Pacelli escreveu também que o memorando refletia suas «opiniões pessoais», mas que o embaixador tinha permissão para compartilhar o documento com «seus amigos quando voltasse aos Estados Unidos» – uma provável referência ao presidente Roosevelt[109].

Esses contatos entre Pacelli e diplomatas americanos foram recentemente trazidos à luz num artigo publicado pelo Prof. Dr. Charles R. Gallagher, S.J., historiador da Universidade Saint Louis, na edição de 1 de setembro de 2003 da revista jesuíta *America*. Estudiosos que viram esses dois documentos diplomáticos de grande importância histórica (e até então desconhecidos pelos críticos do papa) dizem que ambos «reforçam a visão [sustentada pelos defensores de Pacelli] de que o homem que se tornou Papa Pio XII não era um simpatizante do nazismo» e estava, na verdade, convencido de que os nazistas eram uma ameaça à Igreja Católica e à estabilidade da Europa[110]. Segundo o reverendo Gerald P. Fogarty, professor de história na Universidade da Virgínia e autoridade em diplomacia do Vaticano, os documentos «deixam claro que Pacelli se opunha ao nacional-socialismo desde os anos 1930». Outros historiadores partilham da avaliação de Fogarty; segundo eles, os documentos «indicam que, durante o tempo em que atuou como diplomata do Vaticano», nos anos 1930, «o futuro papa expressou forte antipatia pelo regime nazista em conversas reservadas com oficiais americanos»[111].

Durante os dois últimos anos do Cardeal Pacelli à frente da Secretaria de Estado do Vaticano, essa «forte antipatia pelo regime nazista» foi expressa ainda de outras maneiras. Como vimos, em 1938, o Papa Pio XI disse a um grupo de peregrinos belgas que «é impossível para um cristão envolver-se com o antissemitismo. O antissemitismo é inadmissível; espiritualmente, todos somos semitas». Pacelli não apenas endossou essas palavras, como também as repetiu publicamente[112]. Um ano depois, Jacques Maritain, talvez o mais importante filósofo católico daquela época, homenageou Pio XI e Pacelli ao escrever: «Espiritualmente, todos somos semitas – nenhum cristão jamais pronunciou palavras tão fortes contra o antissemitismo, e o cristão que disse essas palavras era sucessor do apóstolo Pedro»[113].

Em 1937, conforme já vimos, o sucessor do apóstolo Pedro publicou a encíclica *Mit brennender Sorge*, que condenava o nacional--socialismo e fora rascunhada por Pacelli. Dentre outras coisas, a encíclica diz:

> Quem quer que exalte a raça, ou o povo, ou o Estado, ou uma forma particular de Estado, ou os depositários do poder, ou qualquer outro valor fundamental da comunidade humana, por mais necessários e honráveis que sejam esses valores e as funções que desempenham no âmbito das coisas mundanas – quem quer que eleve essas noções acima do valor devido e as divinize ao ponto da idolatria distorce e perverte a ordem do mundo, planejado e criado por Deus; está, portanto, longe da verdadeira fé em Deus e do conceito de vida que essa fé anima.

Em 1939, a confrontação de Pacelli com a Alemanha nazista tornou-se ainda mais dramática após sua ascensão ao posto de sucessor de São Pedro em Roma.

Capítulo 4

Um justo entre as nações: o Papa Pio XII e o Holocausto

Durante muito tempo, Pio XI esteve convicto de que o Cardeal Pacelli seria um excelente papa[1] e chegou a dizer certa vez que se aposentaria se pudesse ter certeza de que Pacelli seria eleito seu sucessor[2]. Pacelli foi eleito em março de 1939, meses antes do início da Segunda Guerra Mundial[3]. Sua experiência como diplomata habilidoso e bem preparado fez dele «o candidato inevitável», nas palavras do Pe. Richard P. McBrien[4].

A eleição do Papa Pio XII

No Vaticano, discutia-se se a Igreja precisava de um papa «espiritual» ou «diplomático», e o desfecho das discussões foi favorável ao «diplomata mais experiente e brilhante que havia na época»[5]. Pacelli era conhecido por seu «pensamento calmo e crítico» e também por ser «um venerável príncipe dos diplomatas»[6]. Ele havia se encontrado com Franklin Roosevelt e Winston Churchill, e era mais bem conhecido entre os estadistas e líderes políticos mundiais do que outros nomes anteriormente elevados ao pontificado[7]. Mesmo tendo sido o primeiro secretário de Estado do Vaticano a ser eleito papa desde

1667, Pacelli era uma escolha tão óbvia que a deliberação do Colégio dos Cardeais durou apenas um dia[8].

Pacelli foi «o primeiro» em muitos aspectos. Foi o primeiro nativo de Roma e cidadão romano a chegar ao trono de São Pedro em duzentos anos[9]; o primeiro papa a transmitir sua bênção inaugural por rádio, a ter sua cerimônia de coroação gravada em vídeo e a usar a televisão como «um meio de comunicação pastoral»[10]. Praticamente todas as nações do mundo enviaram delegados para a coroação. O embaixador americano no Reino Unido, Joseph P. Kennedy, acompanhado de seu filho, John F. Kennedy, foi o primeiro representante oficial dos Estados Unidos da América a participar da coroação de um papa; o filho dele, por sua vez, foi o primeiro futuro presidente dos Estados Unidos a estar presente numa cerimônia desse tipo.

Dentre as nações da Europa, a Alemanha foi a única que não enviou um representante para a coroação de Eugenio Pacelli como Papa Pio XII, ocorrida no dia 12 de março de 1939. Na verdade, a eleição de Pio XII fora recebida com entusiasmo por todos os países da Europa e do Ocidente, com exceção da Alemanha nazista. Na manhã seguinte à eleição, o *Frankfurter Zeitung* escreveu: «Muitos dos discursos [de Pacelli] deixam claro que ele não compreende totalmente as forças políticas e ideológicas que começaram a marchar vitoriosamente na Alemanha»[11].

Em 4 de março de 1939, Goebbels escreveu em seu diário que Hitler estava avaliando a possibilidade de revogar a concordata de 1933 em virtude da eleição de Pacelli[12]. A liderança nazista acreditava que, como papa, Pacelli daria continuidade às políticas «pró-judeus» que defendera como secretário de Estado do Vaticano.

Acadêmicos judeus salvos pelo papa

Em 15 de julho de 1938, o governo fascista de Benito Mussolini publicou o «Manifesto da raça», no qual os judeus italianos eram tratados como estrangeiros não integrados[13]. O manifesto veio acompanhado de uma saraivada de leis e dispositivos antijudeus que, nas palavras de Cecil Roth, «reduziram os judeus italianos à condição de párias»[14]. A primeira dessas leis proibiu os judeus de estudar ou dar aulas em quaisquer escolas ou universidades italianas, além de banir os livros escritos por autores judeus das bibliotecas universitárias.

Com a promulgação desses dispositivos antissemitas, centenas de judeus foram dispensados de seus postos no governo, nas universidades e em outros locais. O decreto que proibia a contratação de judeus pelas universidades causou um impacto bastante forte entre os judeus italianos, já que durante décadas eles haviam contribuído de maneira notável para enriquecer a vida intelectual do país. Em 1930, 8% de todos os professores universitários eram judeus[15]. Uma lista preliminar com quase cem professores universitários que foram dispensados por serem judeus, compilada logo depois que as novas leis raciais foram promulgadas, incluía alguns dos nomes mais destacados da intelectualidade italiana[16].

Recém-eleito, o Papa Pio XII respondeu ao decreto antissemita nomeando vários acadêmicos judeus para postos na Biblioteca do Vaticano. A nomeação do eminente cartógrafo judeu Roberto Almagià foi digna de nota. Almagià era referência em estudos geográficos italianos, sobretudo por causa de sua seminal monografia sobre a topografia e a geologia da Terra Santa. O ministro das relações exteriores da Itália chegou a pedir que ele escrevesse uma história dos exploradores italianos[17]. Um dia depois de ter sido dispensado de seu cargo (que ocupava desde 1915) na Universidade de Roma, Almagià foi nomeado diretor da seção de geografia da Biblioteca do Vaticano, e ficou a cargo da restauração e catalogação dos mapas daquele acervo[18].

Quando Mussolini introduziu sua legislação antissemita na Itália, todas as contribuições que Almagià dera à vida intelectual e pública do país perderam seu valor – mas não para o Vaticano. Seus livros desapareceram das bibliotecas e salas de aula italianas. Privado de sua cátedra na universidade e de seu lugar na Reale Accademia d'Italia, Almagià se viu obrigado a escolher entre o exílio ou uma vida de dificuldades financeiras[19]. A intervenção pessoal de Pio XII, no entanto, salvou-o desse destino. O papa encomendou-lhe uma reprodução artística de um mapa originalmente desenhado em 1546 que retratava os países banhados pelo Danúbio. Em fevereiro de 1940, o núncio papal em Berlim deu uma cópia do mapa de Almagià de presente ao ministro das relações exteriores da Alemanha nazista, Joachim von Ribbentrop, em nome do Papa Pio XII. Em 25 de janeiro de 1940, Pio recebeu Almagià em uma audiência privada e o agradeceu por ter escrito «sua esplêndida obra»[20].

Outra vítima da legislação antissemita de Mussolini foi o professor Giorgio del Vecchio, autoridade notável no campo do direito civil e internacional. Também ele foi, por meio da intervenção do papa, contratado pelo Vaticano. Descendente de uma das mais antigas e veneráveis famílias judias da Itália, del Vecchio fora o primeiro reitor da Universidade de Roma sob o regime fascista e atuara por quinze anos como diretor da faculdade de direito daquela instituição. Membro do partido fascista desde a fundação da legenda, o professor fora um dos mais ávidos apoiadores de Mussolini. Não obstante, com o advento das leis antissemitas na Itália, del Vecchio foi imediatamente deposto de seu cargo na universidade; posteriormente, foi contratado por Pio XII, que o nomeou para a equipe da Biblioteca do Vaticano e fez dele um membro da Pontifícia Academia de Ciências, atribuindo-lhe a função de conduzir pesquisas sobre a jurisprudência romana[21].

Outro proeminente acadêmico judeu contratado por Pio XII para trabalhar na Biblioteca do Vaticano foi Giorgio Levi Della Vida, uma das maiores autoridades judias no estudo do Islã. Após ter sido dispensado da Universidade de Roma, ele recebeu a incumbência de catalogar manuscritos árabes na Biblioteca do Vaticano[22].

Tanto Pio XI quanto Pio XII colocavam a ciência e o estudo acima das diferenças políticas. Pio XII mostrou-se determinado a sustentar essa difícil doutrina ao fazer do professor Tullio Levi-Civita, na época o maior físico da Itália, um membro da Pontifícia Academia de Ciências. O fato se deu logo depois que Mussolini excluiu os judeus da recém-criada Academia Fascista de Ciências[23]. A convite do próprio Pio XII, Levi-Civita falou à Rádio Vaticano sobre as últimas descobertas no universo da física. Conforme um observador judeu notou naquela época, foi «a primeira vez na história que um judeu fez uma transmissão de rádio a partir do centro do catolicismo»[24].

A partir de novembro de 1938, Eugenio Pacelli atuou pessoalmente (primeiro, como secretário de Estado do Vaticano; depois, como papa) no sentido de conseguir documentos de imigração para que outros professores judeus que haviam sido destituídos de seus cargos pudessem escapar da Itália fascista e emigrar para a Palestina e para os Estados Unidos. Por exemplo: Vito Volterra, físico e matemático proeminente que atuou na Itália do século XX (e que também havia encontrado emprego temporário na equipe responsável pela Biblioteca do Vaticano), escapou da Itália graças à atuação direta do papa. Volterra emigrou para os Estados Unidos e se tornou professor na Universidade da Pensilvânia.

Pacelli também interveio em favor de Guido Mendes, seu amigo de infância. Em novembro de 1938, quando Mendes perdeu seu cargo de professor na faculdade de medicina da Universidade de Roma, Pacelli atuou para que uma universidade católica da América do Sul oferecesse a ele um posto de destaque[25]. Quando Mendes informou que queria se mudar com sua família para a Palestina, Pacelli ajudou-os a escapar para a Suíça, onde esperaram pela emissão dos certificados de imigração[26]. Em 1939, o secretário de Estado de Pacelli, Giovanni Batista Montini, obteve certificados para os familiares de Mendes, embora eles não fizessem parte da cota normal de imigração[27]. Por fim, Guido Mendes estabeleceu-se como médico bem-sucedido em Ramat Gan, no subúrbio de Tel Aviv.

O papa «que não se cala»

Depois de ascender ao papado, Pio XII foi um crítico declarado e persistente de Hitler e do nazismo. Sua primeira encíclica, *Summi Pontificatus*, clamou por paz, rejeitou expressamente o nazismo e mencionou expressamente os judeus. Nada disso é lembrado por seus críticos recentes. Publicada semanas depois da eclosão da Segunda Guerra, a encíclica *Summi Pontificatus* declara que, na Igreja Católica, não há distinção entre «gentios e judeus, circuncidados e não circuncidados» – uma clara rejeição do antissemitismo nazista. O fato foi amplamente notado na época, sobretudo na Alemanha nazista. Heinrich Müller, diretor da Gestapo, escreveu:

> Esta encíclica dirige-se exclusivamente contra a Alemanha, tanto ideologicamente como no que diz respeito ao conflito entre Alemanha e Polônia. Que isso representa um perigo para as nossas relações exteriores e para os nossos assuntos internos está fora de discussão[28].

O *New York Times* celebrou a encíclica com uma manchete de primeira página na edição de 28 de outubro de 1939: «Papa condena ditadores, violadores de tratados e racismo». Aeronaves dos Aliados lançaram 88 mil cópias da encíclica sobre partes da Alemanha, numa tentativa de instigar o sentimento antinazista[29].

Ao longo da Segunda Guerra Mundial, Pio XII posicionou-se abertamente em favor dos judeus da Europa. Quando soube das atrocidades cometidas pelos nazistas na Polônia, instou os bispos da Europa a fazerem todo o possível para salvar os judeus e outras vítimas da perseguição nazista. Em 19 de janeiro de 1940, seguindo instruções do papa, a Rádio Vaticano e o *L'Osservatore Romano* revelaram ao mundo «as pavorosas crueldades de tirania incivilizada» que os nazistas estavam infligindo aos judeus e católicos poloneses[30]. Na semana seguinte, o jornal *Jewish Advocate*, de Boston, veiculou uma reportagem sobre a transmissão da Rádio Vaticano e elogiou a emissora por ter feito uma «denúncia aberta das atrocidades cometidas pela Alemanha na Polônia nazista, declarando que tais atrocidades afrontavam a consciência moral da humanidade»[31]. Em editorial, o *New York Times* afirmou: «Agora, o Vaticano se pronuncia com uma autoridade que não pode ser questionada e confirma os piores indícios desse terror que vem da escuridão polonesa»[32]. Na Inglaterra, o *Manchester Guardian* saudou a Rádio Vaticano como «a mais poderosa defensora da flagelada Polônia»[33].

Em março de 1940, Pio concedeu uma audiência a Joachim von Ribbentrop, ministro das relações exteriores da Alemanha e único oficial do alto escalão nazista a ter visitado o Vaticano. A compreensão alemã da posição do papa era evidente: Ribbentrop censurou o papa por ter manifestado apoio aos Aliados, ao que Pio respondeu lendo uma longa lista de atrocidades cometidas pela Alemanha. «Nas palavras ardentes que usou para se dirigir a *Herr* Ribbentrop», regista o *New York Times* em 14 de março daquele ano, Pio «saiu em defesa dos judeus na Alemanha e na Polônia»[34].

Na homilia de Páscoa de 1940, Pio XII condenou o bombardeio de cidades indefesas por parte dos nazistas. Em 11 de maio de 1940, condenou publicamente as invasões nazistas da Bélgica, da Holanda e de Luxemburgo e lamentou a existência de «um mundo envenenado pela mentira e pela deslealdade e ferido pelo excesso de violência». Em junho de 1942, o papa se pronunciou contra a deportação em massa de judeus da França, então ocupada pelos nazistas. Além disso, também ordenou ao núncio papal em Paris que protestasse junto ao Marechal Henri Pétain, chefe de Estado da França de Vichy, contra «as prisões e deportações desumanas por meio das quais os judeus eram tirados dos territórios ocupados na França e levados para a Silésia ou partes da Rússia»[35].

Em 1º de outubro de 1942, o *London Times* fez um elogio explícito a Pio XII por ele haver condenado o nazismo e ter apoiado publicamente as vítimas judias do terror nazista. «Quando se estuda as palavras que o Papa Pio XII proclamou desde o momento em que ascendeu ao pontificado», observa o *Times*, «não há espaço para dúvida. Ele condena o culto à força e suas manifestações concretas na supressão das liberdades nacionais e na perseguição do povo judeu»[36].

Nos pronunciamentos de Natal feitos em 1941 e 1942, transmitidos pela Rádio Vaticano a milhões de pessoas do mundo todo, Pio toca nos mesmos assuntos. Os críticos do papa argumentam que o pronunciamento de 1941 não foi suficientemente contundente. Os observadores da época, no entanto, acreditaram que o discurso foi bastante explícito. De fato, os editores do *New York Times* publicaram o seguinte:

> A voz de Pio XII é uma voz solitária em meio ao silêncio e às trevas que envolvem a Europa neste Natal. [...] Ao clamar por uma «nova ordem real» baseada em «liberdade, justiça e amor», [...] o papa se coloca diretamente contra o hitlerismo. Reconhecendo que não há nenhuma via de acordo possível entre poderes beligerantes «cujos objetivos e programas de guerra parecem ser irreconciliáveis», Pio XII não deixa dúvida de que os objetivos dos nazistas também são irreconciliáveis com a própria visão do pontífice sobre a paz cristã[37].

Aos ouvintes de 1941, a mensagem de Natal do papa foi compreendida como uma clara condenação dos ataques nazistas aos judeus da Europa.

O mesmo se deu com a mensagem de Natal que o papa publicou em 24 de dezembro de 1942, na qual expressava uma ardente preocupação «por centenas de milhares de pessoas que, sem haver cometido nenhuma falta, às vezes apenas em função de sua nacionalidade ou raça, são condenadas à morte ou à gradativa extinção». Essa afirmação foi amplamente considerada uma denúncia altamente pública do extermínio de judeus por parte dos nazistas. Os próprios nazistas, aliás, a interpretaram como uma clara condenação da sua ideologia e um clamor em prol dos judeus da Europa: «O discurso do papa é um extenso ataque contra tudo aquilo que defendemos», afirma um documento interno do governo nazista no qual o Ministério das Relações Exteriores da Alemanha analisa o discurso. «Ele fala claramente em nomes dos judeus; [...] virtualmente, acusa o povo alemão de injustiça com relação aos judeus e se posiciona como porta-voz dos criminosos de guerra judeus»[38].

«O discurso enfureceu tanto Mussolini quanto o embaixador Ribbentrop», observa o professor Eamon Duffy, da Universidade de Cambridge, em sua história recente do papado moderno. Além disso, «a Alemanha considerou que o papa havia abandonado toda e qualquer pretensão de se manter neutro. Os alemães sentiram que Pio havia condenado inequivocamente as ações dos nazistas contra os judeus»[39]. Os críticos do Papa Pio XII minimizam a importância da mensagem natalina publicada pelo papa em 1942 e ignoram a reação dos nazistas.

Naquela época, especulava-se que a condenação do nazismo por parte do papa poderia levar a uma retaliação violenta. Até mesmo Rolf Hochhuth, virulento crítico de Pio XII, admitiu que Hitler considerava a possibilidade de invadir o Vaticano[40]. E vários precedentes históricos justificavam esse temor. Em 1809, Napoleão comandou um cerco ao Vaticano, capturou Pio VII na ponta da baioneta, forçou-o a sair de Roma e o manteve preso por cinco anos (até a derrota e abdicação do ditador, em 1814) «em confinamento praticamente solitário», sob a guarda de 1.400 soldados[41]. A despeito de uma concordata celebrada entre o Papa Pio VII e Napoleão em 1801, o pontífice se opôs ao Bloqueio Continental em 1808 e excomungou o ditador francês no ano seguinte, motivando a busca de vingança por parte de Napoleão.

Da mesma forma, em novembro de 1848 o Papa Pio IX fugiu de

Roma depois que os seguidores revolucionários de Giuseppe Mazzini assassinaram o chanceler papal. Impossibilitado de sair da Cidade do Vaticano, cercada por revolucionários, ele ficou exilado por catorze meses, até a soberania papal em Roma ser finalmente restabelecida[42]. Leão XIII (1878-1903) também foi forçado a se exilar temporariamente no final do século XIX.

A despeito de tais precedentes, Pio XII estava «disposto a ser enviado a um campo de concentração, mas não a agir contra sua própria consciência», segundo praguejava o ministro das relações exteriores de Mussolini. De fato, Hitler falou publicamente sobre sua vontade de invadir o Vaticano e «acabar de vez com aquela escumalha pervertida»[43], e Pio sabia que os nazistas tinham vários planos para sequestrá-lo.

Há muito tempo sabemos que Hitler planejou sequestrar o papa e aprisioná-lo na Alta Saxônia. Atualmente, é possível consultar minutas de uma reunião ocorrida em 26 de julho de 1943, na qual Hitler fala abertamente sobre a possibilidade de invadir o Vaticano. Ernst von Weizsacker, embaixador alemão no Vaticano, relata ter ouvido falar sobre o plano de Hitler para sequestrar Pio XII e afirma ter alertado os oficiais do Vaticano sobre os riscos de fazer provocações a Berlim. O embaixador nazista na Itália, Rudolf Rahn, também descreveu um dos planos de sequestro de Hitler, bem como as ações que ele próprio empreendeu, juntamente com outros diplomatas nazistas, para evitar esse desfecho. Também o general Karl Otto Wolff, chefe da SS na Itália no período final da guerra, testemunhou ter recebido ordens de Hitler em 1943 para «ocupar o Vaticano e a Cidade do Vaticano assim que possível, garantindo a segurança dos tesouros artísticos, que possuem valor inestimável, e transferindo o papa, juntamente com a cúria, para um local seguro, de maneira que não caíssem nas mãos dos Aliados e exercessem nenhum tipo de influência política». Wolff conseguiu dissuadir Hitler do plano em dezembro de 1943[44].

A excomunhão de Hitler

Os críticos de Pio XII frequentemente o acusam de ter sido «incapaz» de excomungar Hitler e outros líderes do partido nazista. De fato, mesmo defensores do papa acreditam que ele deveria tê-lo feito. Apesar desse sentimento, o peso das evidências sugere que excomungar Hitler teria sido um gesto puramente simbólico – e provavelmente teria aumentado (e não diminuído) as perseguições.

Hitler, Heinrich Himmler e outros líderes nazistas eram católicos batizados (se bem que apóstatas) e jamais sofreram excomunhão formal por decreto papal. A história mostra, no entanto, que a excomunhão «é uma arma papal que deve ser utilizada com considerável cautela»[45]. Essa arma surtiu efeito (ao menos temporariamente) em algumas ocasiões, como quando um pronunciamento do Papa Gregório VII levou Henrique IV, imperador do Sacro Império Romano-Germânico, a fazer penitência na cidade italiana de Canossa em 1077. Era mais frequente, no entanto, que a excomunhão papal não resultasse naquilo que o papa inicialmente desejava alcançar. Em 1324, por exemplo, o Papa João XXII excomungou Luís IV, o Bávaro, imperador eleito da Alemanha. O papa convocou os príncipes e a nobreza para que se rebelassem contra o imperador. «Numa palavra», observa Pinchas Lapide, «João XXII fez tudo aquilo que, segundo a opinião de Hochhuth, Pio XII deveria ter feito contra Hitler». O efeito colateral foi que Luís marchou sobre Roma com seu exército e coroou a si próprio como imperador do Sacro Império Romano-Gêrmanico. Depois disso, um antipapa subiu ao trono de Pedro e João XXII morreu no exílio. Isso aconteceu quase setecentos anos atrás, uma época em que, segundo é consenso entre os historiadores, o prestígio e o poder do papado eram dez vezes maiores do que aqueles de que Pio XII gozava em seus dias. Além disso, Luís IV tinha apenas uma fração do imenso poderio militar controlado por Hitler[46].

Proclamada por Pio V em 1570, a excomunhão da Rainha Isabel I, da Inglaterra, foi desastrosa para a Igreja Católica. O processo resultou na separação final da Igreja Anglicana, na execução de centenas de católicos ingleses e na consolidação do poder inglês sob a monarquia, à medida que a ampla maioria dos católicos ingleses manteve-se fiel à rainha.

A excomunhão foi igualmente ineficaz contra Napoleão, já que o processo resultou tão somente no exílio do papa. A excomunhão também não teve nenhum efeito sobre o *Grande Armée* de Napoleão, uma vez que os soldados católicos daquele exército continuaram lutando ao lado do imperador francês batalha após batalha[47]. A lição que a história ensina é que a excomunhão de um governante por parte do papa pode ter efeitos colaterais, à medida que pode inspirar as pessoas a se reunirem em torno de um líder nacional.

Além disso, muitas pessoas na época da Segunda Guerra tinham receio de que a excomunhão de Hitler por parte do papa pudesse incitar o *führer* a agredir a Igreja e os judeus de formas ainda mais violentas. Aryeh Leon Kubovy, representante do Congresso Judeu Mundial na época do Holocausto, perguntou a Luigi Sturzo, que durante a guerra fundara o Movimento Democrático Cristão na Itália, por que o Vaticano não havia excomungado Hitler. Sturzo respondeu que o papado temia que Hitler matasse ainda mais judeus caso se sentisse ameaçado pela excomunhão[48]. Escritores e acadêmicos familiarizados com a psicologia de Hitler partilham da opinião de Sturzo, e afirmam que qualquer provocação por parte do papa teria resultado em retaliação violenta, num morticínio ainda maior de judeus (sobretudo daqueles que na época se encontravam sob proteção da Igreja) e numa intensificação da perseguição de católicos pelos nazistas. É um argumento persuasivo, corroborado pelo testemunho de sobreviventes judeus do Holocausto como Marcus Melchior, ex--rabino-chefe da Dinamarca. Segundo ele:

> É um erro achar que Pio XII poderia ter influenciado de alguma maneira o cérebro de um homem louco. Se o papa tivesse se pronunciado, Hitler provavelmente teria massacrado mais de

seis milhões de judeus, e talvez dez vezes dez milhões de católicos, caso tivesse poder para tanto[49].

Com base na sua experiência de promotor no Julgamento de Nuremberg, Robert M. W. Kempner disse que «qualquer ação de propaganda política da Igreja Católica contra o Reich de Hitler não apenas teria sido uma "provocação suicida" [...] como também teria acelerado a execução de um número ainda maior de judeus e padres»[50].

Um exemplo frequentemente citado por defensores do Vaticano é o protesto público feito por bispos holandeses em julho de 1942 contra a deportação de judeus da Holanda. Os bispos holandeses, que atribuíram a inspiração do protesto ao Papa Pio XII, distribuíram uma epístola pastoral que foi lida em todas as igrejas católicas da Holanda, denunciando «o tratamento impiedoso e injusto dispensado aos judeus por aqueles que se encontram no poder em nosso país». Dentre os bispos católicos locais da Europa, os da Holanda foram os que resistiram ao nazismo de maneira mais vigorosa. Mas aquela epístola pastoral, cujas intenções eram louváveis, acabou gerando efeitos colaterais. Conforme observa Pinchas Lapide:

> A conclusão mais triste e mais instigante é a seguinte: se é verdade que o clero católico holandês protestou de maneira mais aberta, expressiva e frequente contra as perseguições dos judeus do que os religiosos de outros países ocupados pelos nazistas, também é verdade que mais judeus – por volta de 110 mil, ou 79% da população judaica local total – foram deportados da Holanda e enviados a campos de concentração[51].

Assim, o protesto dos bispos holandeses provocou a mais selvagem de todas as represálias nazistas. A ampla maioria dos judeus holandeses – em número maior, em termos percentuais, do que os judeus de qualquer outro país ocupado pelos nazistas na Europa ocidental – foram deportados e mortos.

Quando os críticos revisionistas do Papa Pio XII atacam o «silêncio» do papa, ignoram o fato de que líderes judeus e bispos católicos dos países ocupados pelos nazistas recomendaram ao pontífice que não incitasse os nazistas a cometer atrocidades ainda maiores. Quando Clemens August von Galen, bispo de Münster, quis se pronunciar contra a perseguição de judeus na Alemanha, os líderes judeus daquela diocese imploraram a ele que não o fizesse, receando que uma perseguição ainda maior pudesse ocorrer. Pinchas Lapide cita também um judeu italiano que recebeu ajuda do Vaticano e escapou da deportação dos judeus romanos em outubro de 1943. Vinte anos depois, ele afirmou em termos inequívocos:

> Nenhum de nós queria que o papa falasse abertamente. Éramos fugitivos, não queríamos ser expostos como tal. A Gestapo certamente teria ampliado e intensificado aquele processo de inquisição. [...] Era muito melhor que o papa ficasse em silêncio. Todos sentíamos isso na época, e continuamos pensando dessa forma nos dias de hoje.

Jean Bernard, bispo de Luxemburgo e prisioneiro do campo de concentração de Dachau entre fevereiro de 1941 e agosto de 1942, comunicou ao Vaticano que «o tratamento dado aos prisioneiros piora assim que ocorre um pronunciamento aberto contra o nazismo»[52].

O papa precisava pesar suas palavras para não prejudicar a vida de milhares de judeus escondidos no Vaticano, nas muitas igrejas, conventos e mosteiros de Roma e nas igrejas e instituições católicas espalhadas pela Itália. Era preciso que falasse sem pôr em risco as vidas dos católicos – tanto do clero como dos religiosos e dos leigos – que tentavam salvar os judeus. Além disso, é claro, também era preciso que ele falasse sem incitar os nazistas a enviar ainda mais padres para o campo de concentração. Na Polônia, por exemplo, um quinto de todos os sacerdotes foram enviados a Auschwitz (ou para outros campos de concentração) e mortos[53].

4. UM JUSTO ENTRE AS NAÇÕES

Muitos judeus italianos que sobreviveram ao Holocausto concordam com Michael Tagliacozzo, um judeu romano que ficou vários meses escondido no Pontifício Seminário Romano, perto da Basílica de São João de Latrão. Uma denúncia mais explícita do nazismo, segundo eles, teria prejudicado a vida dos sacerdotes e leigos católicos que abrigavam e protegiam os judeus. De fato, mesmo a historiadora Susan Zuccotti, crítica de Pio XII, admite que a opção do papa pelo silêncio pode muito bem ter sido influenciada por uma preocupação com os judeus escondidos, bem como com os católicos que os protegiam[54].

Alguém pode questionar o que poderia ter sido pior do que o assassinato em massa de seis milhões de judeus. A isso, responde-se: o assassinato de mais algumas centenas de milhares de judeus. O Papa Pio XII sabia que suas palavras não seriam capazes de acabar com o Holocausto. Ele mediu suas palavras para não pôr em risco vidas que ainda podiam ser salvas. Além disso, conforme veremos, sempre que o papa concluiu que suas palavras podiam ter algum tipo de influência – como era o caso dos governos do Almirante Miklós Horthy, regente da Hungria, e do presidente Jozef Tiso (ele próprio sacerdote), na Eslováquia –, ele as utilizou com grande ênfase em severas manifestações de repúdio que salvaram mais vidas.

A ocupação de Roma pelos nazistas

Escrevendo do ponto de vista dos judeus, Pinchas Lapide é uma das melhores fontes de documentação a respeito dos extraordinários esforços de auxílio e resgate empreendidos por Pio XII e seus diplomatas durante o Holocausto. Por meio de uma minuciosa análise dos esforços pontifícios para resgatar os judeus em toda a Europa nazista, Lapide prova que os esforços da Igreja Católica salvaram mais judeus do que a soma dos esforços empreendidos pelas outras igrejas, instituições religiosas e organizações protetivas.

Enquanto aproximadamente 80% dos judeus europeus morreram durante a Segunda Guerra Mundial, 85% dos quarenta mil judeus italianos se salvaram[55]. A deportação dos judeus italianos pelos nazistas começou em 16 de outubro de 1943, cinco semanas depois de o exército alemão ocupar Roma e delegar o controle da segurança interna à SS. Susan Zuccotti foi quem mais vivamente descreveu o infame cerco aos judeus romanos:

> Às 5h30 do dia 16 de outubro de 1943, uma chuvosa manhã de sábado, a SS alemã desencadeou em Roma aquele que viria a ser o maior cerco aos judeus que viviam na Itália ocupada pelos nazistas. Forças policiais bateram às portas de milhares de prédios residenciais localizados no antigo gueto romano e de centenas de outros prédios espalhados por toda a Cidade Santa, acordando os residentes e arrancando-os de suas camas. Muitas das vítimas ainda vestiam suas roupas de dormir quando foram postas em caminhões que as levaram até um centro de detenção temporária no Colégio Militar Italiano, que ficava a apenas 180 metros do Vaticano. Dentro de nove horas, 1.259 judeus de uma comunidade de aproximadamente doze mil foram detidos e postos na prisão. Destes, 896 eram mulheres e crianças.
>
> Dois dias depois, em 18 de outubro de 1943, antes do nascer do sol, os judeus detidos foram novamente postos em caminhões e levados à plataforma de carga da estação Tiburtina, ainda em Roma. À medida que chegaram, os presos foram postos pelos guardas em mais ou menos vinte vagões de carga com as portas trancadas pelo lado de fora. Havia entre cinquenta e sessenta pessoas em cada vagão, todas esperando em meio à escuridão, ao calor sufocante e ao pânico. Por fim, o processo foi concluído. Por volta das 14h, teve início a sombria jornada[56].

Sendo assim, 48 horas após o cerco de 16 de outubro, mais de 1.200 judeus romanos foram postos num «trem da morte» e deportados para Auschwitz, onde seriam assassinados uma semana depois. De outubro de 1943 até a captura da cidade pelas forças Aliadas, em 1944, as deportações continuaram, tirando a vida de 2.091 judeus romanos em campos de concentração nazistas.

O que Pio XII fez ou deixou de fazer em prol dos judeus romanos durante ou imediatamente após o cerco de outubro de 1943, e ao longo do período de ocupação nazista que se seguiu ao cerco, continua sendo tema de discordância. Há uma tendência entre estudiosos do Holocausto de aceitar acriticamente o argumento dos detratores de Pio: que o papa soube com antecedência que haveria um cerco aos judeus romanos. Segundo Zuccotti e outros autores, Pio tinha a possibilidade e a obrigação de informar aos judeus, de modo que tivessem tempo para escapar. Mas essa linha de acusação é extraída do livro *Black Sabbath* [«Sabá negro»], de Robert Katz, obra altamente polêmica publicada em 1969. Katz foi o primeiro a argumentar – sem o amparo de documentos confiáveis – que Pio XII tinha informações prévias sobre o cerco de 16 de outubro. Katz cita o diplomata alemão Eitel Mollhausen, que passou informações privilegiadas sobre o cerco ao embaixador da Alemanha no Vaticano, Ernst von Weizsacker. Mollhausen presumiu que Weizsacker transmitiria aquelas informações ao Vaticano. Ocorre que nenhum historiador jamais pôde confirmar se o que Mollhausen presumiu de fato se concretizou.

Na verdade, em suas memórias e ao longo de sua vida, Weizsacker nunca afirmou ter alertado ninguém no Vaticano (e muito menos Pio XII) sobre o cerco. Nenhum oficial do Vaticano jamais disse ter sido alertado por Weizsacker, e ninguém jamais afirmou ter transmitido informações privilegiadas a Pio XII. Pelo contrário: temos o testemunho direto da princesa Enza Pignatelli, que visitou o Vaticano na manhã de 16 de outubro e falou pessoalmente ao papa sobre o que estava se passando. Ela afirma que Pio XII ficou chocado e furioso, e que agiu logo em seguida, apresentando queixa a Weizsacker e exigindo que os nazistas interrompessem as prisões.

O bispo austríaco Alois Hudal também escreveu uma carta manifestando-se contrariamente ao cerco dos judeus romanos perpetrado pelos nazistas. Alguns autores alegam que Pio não sabia da existência dessa carta, mas o próprio Hudal nos conta em seu livro de memórias que foi Carlo Pacelli – sobrinho do papa – quem lhe pediu que escrevesse a carta, seguindo instruções diretas do tio.

A partir de outubro de 1943, o Papa Pio XII pediu a igrejas e conventos de toda a Itália que oferecessem abrigo aos judeus. Em Roma, 155 conventos e mosteiros abrigaram aproximadamente cinco mil judeus durante a ocupação alemã, desafiando os fascistas de Mussolini e os nazistas. Três mil judeus encontraram refúgio em Castel Gandolfo, residência de veraneio do papa. Sessenta judeus viveram por nove meses na Universidade Gregoriana, e muitos foram abrigados no porão do Pontifício Instituto Bíblico. O próprio Papa Pio XII concedeu refúgio dentro das paredes do Vaticano a centenas de judeus que não tinham para onde ir.

Quando o assunto é o cerco aos judeus romanos ocorrido em outubro de 1943, a grande autoridade é o italiano Michael Tagliacozzo, estudioso do Holocausto que sobreviveu ao cerco e que hoje vive em Israel. As monografias dele sobre o assunto documentam o papel de Pio XII e do Vaticano no salvamento de judeus em Roma[57]. De acordo com Tagliacozzo, 477 judeus romanos se abrigaram nos enclaves do Vaticano, «enquanto 4.238 judeus encontraram refúgio nos numerosos mosteiros e conventos de Roma»[58]. Tagliacozzo, que presenciou a ocupação nazista de Roma e estudou todos os principais documentos relacionados ao evento, só tem elogios a fazer ao Papa Pio XII. Numa entrevista recente já mencionada neste livro, disse:

> Sei que muitos criticam o Papa Pacelli. Há uma pasta na minha escrivaninha em Israel à qual dei o nome de «Calúnias contra Pio XII». O fato é que meu julgamento não tem como ser negativo. O Papa Pacelli foi o único a agir contra a deportação de judeus em 16 de outubro de 1943 e fez muito para esconder e salvar milhares de nós[59].

4. UM JUSTO ENTRE AS NAÇÕES

Tagliacozzo diz que as ações de Pio XII foram decisivas para proteger 80% dos judeus romanos. Ele rejeita a noção (hoje em dia bastante comum entre os críticos de Pacelli) de que o Papa esteve ausente dos esforços de proteção.

Havia muita confusão naqueles dias, mas todos sabíamos que a Igreja e o papa podiam nos ajudar. Depois das ações dos nazistas, o Pontífice, que já havia ordenado a abertura de conventos, escolas e igrejas com o intuito de oferecer refúgio aos perseguidos, abriu o claustro dos conventos para que ainda mais perseguidos pudessem se esconder ali. Mons. Giovanni Butinelli, da Paróquia da Transfiguração, disse-me que o papa havia recomendado aos párocos que abrigassem os judeus. Eu mesmo conheci uma família judia que, tendo recebido ordens de dar cinquenta quilos de ouro aos nazistas, decidiu esconder as mulheres e as crianças num convento na Via Garibaldi. As freiras disseram que não haveria problema em receber a mãe e a menina, mas que não seria possível cuidar do garotinho. Entretanto, como o papa havia dispensado os conventos de seguirem o regime de clausura, as freiras também acolheram o menino[60].

Deve-se observar que Tagliacozzo foi resgatado da fome e da morte pelos assistentes de Pio XII, liderados pelo cardeal Pietro Palazzini. «Lembro-me de ter sido muitíssimo bem tratado por eles», diz Tagliacozzo. «Depois de ficar sem comer por dois dias, recebi do Pe. Palazzini uma refeição abençoada: uma tigela com sopa de legumes, pão, queijo e frutas. Nunca tinha comido tão bem».

Os diários de outras testemunhas contemporâneas documentam os esforços de resgate empreendidos por Pio XII e pelo Vaticano. O mesmo fazem as recém-publicadas memórias de Adolf Eichmann, nas quais ele observa que o Vaticano «manifestou-se categoricamente contra a prisão de judeus, pedindo que tais ações fossem interrompidas»[61]. No julgamento de Eichmann, ocorrido em Jerusalém, Gideon Hausner, advogado-geral de Israel, afirmou inequivocamente que «o papa intercedeu pessoalmente em favor dos judeus de Roma». Documentos apresentados pela primeira vez no julgamento oferecem ainda mais evidências dos esforços papais para colocar um fim às prisões e deportações de judeus romanos[62].

Sabemos os nomes de alguns dos padres, monges, cardeais e bispos italianos que tiveram papel fundamental no salvamento de milhares de judeus. O Cardeal Boetto, de Gênova, salvou a vida de pelo menos oitocentos judeus. O bispo de Assis, por sua vez, abrigou centenas de judeus por mais de dois anos. Muitos outros líderes eclesiásticos proeminentes, incluindo vários cardeais e dois futuros papas, resgataram e abrigaram judeus. Mais tarde, deram testemunho de que estavam seguindo ordens diretas de Pio XII. Em 1955, uma delegação de Israel abordou o arcebispo Giovanni Montini (futuro Papa Paulo VI) para lhe perguntar se ele aceitaria receber um prêmio por seu trabalho em prol dos judeus durante o Holocausto. Montini respondeu negativamente, dizendo: «Não fiz mais do que minha obrigação. Além disso, só agi em resposta às ordens que recebi do Santo Padre. Ninguém merece receber uma medalha por isso»[63]. Em 1957, conforme discutirei mais detalhadamente abaixo, o Cardeal Angelo Roncalli (futuro Papa João XXIII) deu uma declaração parecida quando um diplomata israelense o agradeceu por seus bem-sucedidos esforços para salvar milhares de judeus na Istambul do início dos anos 1940.

Foi também graças a instruções diretas de Pio XII que o Cardeal Palazzini escondeu Michael Tagliacozzo e outros judeus italianos por vários meses durante os anos de 1943 e 1944. Em 1985, o Yad Vashem, memorial israelense do Holocausto, homenageou o Cardeal Palazzini colocando-o entre os «justos entre as nações» – um dos muitos religiosos católicos italianos que arriscaram a vida para ajudar os judeus durante o Holocausto. Diante da homenagem, o Cardeal Palazzini enfatizou que «o mérito pertence somente a Pio XII, que foi quem nos mandou fazer tudo o que estivesse ao nosso alcance para salvar os judeus da perseguição»[64].

O clero sai em defesa dos judeus

Vale a pena contar em detalhes a emocionante história de como Michael Tagliacozzo, então com 22 anos de idade, encontrou refúgio no Pontifício Seminário Romano. Tagliacozzo vinha morando com parentes em Roma desde o fim de setembro de 1943. Ele conseguiu escapar das forças de segurança alemãs quando estas vieram bater à porta de seus familiares, na manhã de 16 de outubro. Ainda vestindo roupas de dormir, saiu por uma janela e entrou no apartamento de uma família católica que ele sequer conhecia. Sem poder voltar para casa e procurando desesperado um refúgio, o jovem lembrou-se de Maria Amendola, uma professora aposentada, que o abrigou por uns dias e o colocou em contato com um jovem vigário chamado Pe. Vicenzo Fagiolo. «Foi ele», segundo conta Tagliacozzo, «quem defendeu minha causa com zelo diante do reitor do seminário, Mons. Roberto Ronca»[65]. O prestigioso Pontifício Seminário Romano ficava na Piazza di Porta San Giovanni, num vasto complexo que incluía a Basílica de São João de Latrão e o Palácio de Latrão. Atualmente, o local abriga os escritórios do vicariato de Roma.

Como Susan Zuccotti, «o local onde Tagliacozzo se refugiou não era uma instituição comum da Igreja»[66]. O Pontifício Seminário Romano era propriedade do Vaticano, «um remanescente daqueles séculos de glória em que os Estados Pontifícios abarcavam não apenas a totalidade de Roma, como também boa parte da Itália central»[67]. Juntamente com a residência de veraneio do papa, em Castel Gandolfo, o seminário era uma das propriedades do Vaticano que se encontravam sob jurisdição direta do papa e que serviram como refúgio e porto seguro para judeus italianos durante a ocupação nazista. Dos aproximadamente duzentos refugiados que encontraram abrigo no Pontifício Seminário Romano, pelo menos 55 eram judeus[68]. Michael Tagliacozzo, que conhecia todos os judeus abrigados no seminário, só tem «boas recordações» do tratamento que ele e seus companheiros judeus refugiados receberam no seminário. A observância da dieta e dos rituais judaicos era não apenas permitida como também estimulada. Conforme ele recorda:

> Não havia absolutamente nenhuma pressão para que nos convertêssemos ao cristianismo. O respeito com que tratavam aqueles que precisavam de ajuda era exemplar. Eu me lembro com carinho que o Pe. Palazzini veio pedir minha ajuda por eu ser o refugiado que tinha mais proximidade com as tradições judaicas. Ele me pediu que o instruísse nas leis alimentares judaicas para que os refugiados não se sentissem ofendidos. Ele me deu uma Bíblia em hebraico que me inspirou na fé e me deu esperança em relação ao futuro[69].

Católicos italianos – de cardeais a policiais – tentaram salvar vidas entre os judeus oferecendo-lhes abrigo, identidades falsas, cartões que davam direito a refeições e outros documentos. Muitos desses católicos foram presos pelos nazistas, e outros tantos foram mortos. Giovanni Palatucci, chefe de polícia em Fiume, pereceu em Dachau por haver oferecido ajuda aos judeus. Odoardo Focherini, pai de sete filhos e editor do jornal diário católico *Avvenire d'Italia*, de Bolonha, morreu num campo de concentração por causa de seus esforços em prol dos judeus bolonheses.

Tudo isso é indiscutível, mas os críticos questionam se os protetores agiram por conta própria ou se o fizeram seguindo as ordens de Pio XII[70]. Assim, por exemplo, Susan Zuccotti passa a maior parte de seu estudo negando que o papa tenha tido um papel nessa história, já que ela não encontrou nenhum documento escrito que atestasse esse fato. No entanto, há amplas evidências de fonte primária que dão testemunho das instruções explícitas dadas por Pio XII com o intuito de salvar os judeus. O Mons. John Patrick Carroll-Abbing, fundador da Cidade dos Meninos e confidente de Pio XII, por exemplo relata que, seguindo instruções diretas do papa, ofereceu comida e abrigo aos judeus durante a ocupação de Roma pelos nazistas. Em seus dois livros de memórias – *A Chance to Live* [«Uma chance para viver», 1952] e *But for the Grace of God* [«Só pela graça de Deus», 1965] –, ele nos dá vários detalhes dos esforços empreendidos por Pio XII em favor dos judeus – esforços que ele conheceu em primeira pessoa[71].

Numa entrevista memorável à revista americana *Inside the Vatican* (edição de agosto/setembro), Carroll-Abbing recordou como o papa lhe deu ordens diretas para salvar os judeus[72]. Ele enfatizou ainda que a ideia de que ele e outras pessoas como ele agiram a despeito do silêncio do papa

> é uma mentira descarada! Eu falei com o Papa Pio XII várias vezes durante a guerra, pessoalmente, cara a cara, e ele me pediu para ajudar os judeus não uma, mas várias vezes. [...] Posso dar meu testemunho pessoal de que o papa me deu ordens verbais e diretas, em conversas frente a frente, para proteger os judeus[73].

O testemunho de Tibor Baranski

O papa também ordenou ao clero católico em outros países que ajudasse os judeus ameaçados pelo nazismo. Especialmente instigante é o testemunho pessoal de Tibor Baranski, que foi homenageado pelo Yad Vashem com o título de «justo entre as nações» por seu trabalho de resgate aos judeus. Húngaro, Baranski foi secretário executivo do Movimento de Proteção aos Judeus (uma iniciativa da Santa Sé) durante a Segunda Guerra Mundial. Ele trabalhou ao lado de Angelo Rotta, núncio papal em Budapeste durante o Holocausto, e ajudou a resgatar mais de três mil judeus húngaros. Baranski afirma, de maneira inequívoca, que ele e o núncio Rotta agiram a pedido do papa.

Em outubro de 1944, Baranski preparava-se para o sacerdócio. A tia dele participava ativamente de um movimento secreto cujo objetivo era ajudar judeus húngaros a encontrar esconderijos e a obter documentos falsos de imigração. Ela pediu a ele que ajudasse algumas famílias judias que enfrentavam processos de deportação[74]. Baranski então procurou o núncio papal, que emitiu certificados de batismo e de imigração para os judeus. Além disso, Rotta também emitiu cartas de proteção que permitiram que outras pessoas fossem levadas para esconderijos e escapassem da deportação e da morte certa. O jovem Baranski acompanhou seus amigos pessoalmente até que estivessem em local seguro. Assim, Baranski e Rotta deram início a uma exitosa empreitada que logrou auxiliar e abrigar milhares de judeus húngaros. Na condição de diretor executivo do Movimento de Proteção aos Judeus, Baranski também trabalhou em Budapeste com iniciativas antinazistas clandestinas, cujo objetivo era resgatar e esconder o maior número possível de judeus. Sob a direção dele, vários judeus foram escondidos em lares católicos de Budapeste, enquanto outros foram abrigados em fábricas, dentro de salas secretas construídas pelos próprios trabalhadores[75].

Com a ajuda da tia, que trabalhava numa empresa farmacêutica, Baranski pôde obter remédios, comida e outros suprimentos para os judeus de Budapeste que estavam abrigados em esconderijos no Vaticano, sob proteção papal. O núncio papal também enviou Baranski à fronteira austro-húngara, para resgatar judeus que haviam sido levados para as Marchas da Morte[76] mesmo tendo documentos que em tese deveriam tê-los protegido[77]. Na ocasião, Baranski também distribuiu comida e remédios entre os que enfrentavam essa situação deplorável.

O trabalho de resgate empreendido por Baranski chegou ao fim em 30 de dezembro de 1944, quando ele foi preso pelos russos depois de ter sido confundido com um apoiador dos nazistas. Por fim, Baranski saiu da Hungria, sua terra natal, e emigrou para os Estados Unidos depois da Revolução Húngara de 1956. Em 1979, recebeu o título de «justo entre as nações», uma homenagem concedida pelo Yad Vashem em memória de todos os judeus húngaros que ele salvou durante o Holocausto. Em 1980, o presidente americano Jimmy Carter o nomeou para o conselho do Memorial Americano do Holocausto[78]. «Eu agi de acordo com as ordens do Papa Pio XII», disse Baranski recentemente. «Trabalhei para a embaixada papal»[79]. Segundo ele, as acusações de que Pio não se envolveu nas iniciativas de resgate são «apenas mentiras, nada mais»[80].

Conforme aponta Ronald J. Rychlak, Baranski «viu pessoalmente pelo menos duas cartas de Pio XII instruindo Rotta a fazer o possível para proteger os judeus, mas também para evitar quaisquer declarações que pudessem provocar os nazistas»[81]. Essas duas cartas, observa Baranski, «foram escritas à mão pelo Papa Pio XII»[82]. Ademais, Baranski testemunhou que «todos os núncios de países ocupados pelos nazistas receberam cartas similares», escritas à mão pelo papa, com instruções para que salvassem e abrigassem os judeus[83]. «É um desserviço e uma deturpação da história», afirma, «dizer que o papa não fez nada. Peças como *O vigário* faltam com a verdade. [...] O que Angelo Rotta fez, o que eu [fiz] para salvar os judeus é mérito do papa»[84].

Outro aspecto interessante do trabalho de resgate empreendido por Baranski e Rotta é que ele contou com a íntima colaboração do renomado diplomata e libertador sueco Raoul Wallenberg. Segundo argumenta Baranski, se Wallenberg – uma das pessoas mais famosas a receber o título de «justo entre as nações» do Yad Vashem – estivesse vivo nos dias de hoje, defenderia Pio XII[85]. De fato, Baranski diz que a Igreja Católica colaborou com Wallenberg e o ajudou em seus esforços de libertação dos judeus. «Não havia nenhum tipo de problema ou desentendimento entre a Igreja Católica e Wallenberg. Eu mesmo organizei reuniões extraoficiais e reservadas entre Wallenberg e o núncio Rotta»[86]. Baranski relata que Wallenberg «sabia que Pio estava do lado dele»[87]. Considerando-se, portanto, que Rotta, Baranski, Wallenberg e Pio XII (sim, Pio XII) trabalharam em equipe,

Baranski argumenta que o Yad Vashem também deveria reconhecer o Papa Pio XII como «justo entre as nações»[88].

Heróis católicos

Libertadores católicos também arriscaram suas vidas para salvar e abrigar judeus na França. Em seu importante livro de memórias sobre a guerra, o padre jesuíta e teólogo francês Henri de Lubac, grande defensor de Pio XII, recorda seus próprios esforços para libertar e socorrer os judeus da França de Vichy[89]. Até mesmo Susan Zuccotti, que critica o papado de maneira aberta e insistente, faz grandes elogios aos esforços de Lubac em prol dos judeus da França em *The Holocaust, the French and the Jews* [«O Holocausto, os franceses e os judeus»]. Esses esforços, conforme Lubac deixa claro em suas memórias, foram diretamente inspirados por Pio XII.

O mesmo se aplica aos esforços heroicos do bispo italiano Giuseppe Palatucci, bispo de Campagna, no sul da Itália. Palatucci teve papel fundamental no salvamento de milhares de judeus na cidade portuária italiana de Fiume, que os nazistas mantiveram ocupada até os últimos meses da Segunda Guerra Mundial[90]. O sobrinho do bispo Palatucci, Giovanni Palatucci, era chefe da polícia de Fiume. Juntos, ambos conseguiram distribuir identidades falsas para centenas de judeus croatas, garantindo-lhes refúgio fora dos campos de detenção de Fiume na segurança da diocese do próprio bispo no sul da Itália[91]. Por ter ajudado a proteger esses judeus refugiados da Croácia, Giovanni Palatucci foi preso pelos nazistas e enviado para Dachau, onde morreu de tifo.

Documentos divulgados recentemente pelo Vaticano registram que Giuseppe Palatucci agiu a partir de instruções diretas de Pio XII. Uma carta assinada pelo papa em outubro de 1940 instruía Palatucci a dar dinheiro «em prol dos judeus resgatados»[92] abrigados pelo bispo em Campagna. Uma segunda carta, enviada por Pio em novembro de 1940, continha um cheque que deveria ser usado para «auxiliar os judeus mantidos na sua diocese»[93].

Como observa William Doino Jr., estudioso da vida de Pio XII:

[Essas epístolas papais] parecem oferecer provas convincentes da postura de Pio com relação aos judeus. Considerando-se os perigos então existentes e a relutância da Igreja em abordá-los por escrito, tais cartas são, de fato, memoráveis. Elas atestam, para além de qualquer dúvida, que Pio XII tinha um interesse direto e pessoal em ajudar os judeus, tendo-o feito já nos primeiros momentos da guerra. Numerosos autores sustentaram que não há evidências escritas de que o próprio Pio XII tenha dado ordens diretas no sentido de ajudar os judeus perseguidos. Agora, essas evidências existem[94].

Dentre os vários católicos que auxiliaram o povo judeu seguindo instruções diretas de Pio XII, um dos mais conhecidos foi o Pe. Pierre-Marie Benoît, heroico monge capuchinho francês cujas façanhas em prol dos judeus de Roma compõem «uma das histórias de resgate mais célebres dentre as que ocorreram durante o Holocausto»[95] e lhe renderam o favor dos judeus que sobreviveram ao Holocausto, os quais o chamavam «pai dos judeus». Antes da Segunda Guerra Mundial, Benoît fora professor de teologia e hebraico no convento capuchinho de Marselha. Com a ocupação da França de Vichy pelos alemães em 1942, e com o começo da deportação de milhares de judeus, o convento se tornou o núcleo operacional de uma extensa rede de resgate que ajudou milhares de judeus franceses a fugirem do país. Valendo-se dos seus contatos com guias fronteiriços, com a resistência francesa e com organizações religiosas católicas e judaicas, o Pe. Benoît ajudou a providenciar comida, abrigo e novas identidades para milhares de judeus franceses que eram secretamente enviados para a Espanha e a Suíça. Nos porões do convento, uma imprensa produziu milhares de certificados de batismo e documentos de asilo que permitiram aos judeus fugir da França de Vichy e viajar livremente sob nomes falsos.

Em novembro de 1942, o sul da França foi ocupado pelos nazistas e as rotas de fuga para a Suíça e para a Espanha foram temporariamente fechadas. Benoît então passou a enviar judeus franceses para a cidade de Nice, perto da zona italiana de ocupação, que havia se tornado o principal destino para os judeus fugitivos[96]. A Gestapo logo se inteirou das atividades de Benoît, e ele foi forçado a se mudar para Roma, cidade que se converteu na nova central das operações de resgate. Em Roma, Benoît foi eleito membro da diretoria da DELASEM (*Delegazione Assistenza Emigranti Ebrei*), a principal organização de assistência aos judeus na Itália. Quando o presidente judeu da organização foi preso pelos nazistas, Benoît foi nomeado presidente interino e passou a comandar as reuniões do grupo no colégio capuchinho, em Roma[97]. A engenhosidade e a devoção que ele tinha pela causa do auxílio aos judeus não conheciam barreiras. O Pe. Benoît chegou a contatar as embaixadas da Suíça, da Romênia, da Hungria e da Espanha, das quais obteve cartas de proteção e outros documentos importantes que permitiram a alguns judeus viajar livremente pela Itália sob nomes falsos. Ele também conseguiu obter vários cartões de alimentação da polícia romana, sob o pretexto de que os daria a refugiados não judeus que não tinham onde morar[98].

Ao contrário do que alegam Susan Zuccotti e outros críticos de Pio XII, o trabalho de assistência aos judeus realizado pelo Pe. Benoît (que mais tarde lhe renderia o título de «justo entre as nações») contou com todo o apoio moral e financeiro do papa. Em 16 de julho de 1943, Benoît teve um encontro com Pio XII e, de acordo com um testemunho pessoal concedido pelo próprio Benoît e preservado no Yad Vashem, elogiou Pio pelo apoio e pelo estímulo direto aos esforços de assistência. Em 1976, por ocasião do centenário do nascimento do papa, Benoît reiterou publicamente seus elogios aos esforços empreendidos por Pio XII em prol dos judeus, com destaque para o apoio financeiro direto das operações de resgate empreendidas pelo próprio Benoît. Zuccotti propõe uma discussão capciosa sobre o Pe. Benoît e ignora completamente o testemunho do próprio Benoît em favor do papa, da mesma forma que ignora o testemunho do Mons. Carroll-Abbing, segundo o qual o papa se dirigiu a ele (isto é, a Carroll-Abbing) e a Benoît dando-lhes «ordens diretas, verbais e pessoais para que oferecessem assistência aos judeus»[99].

Zuccotti também ignora o importante testemunho pessoal de Fernande Leboucher, assistente-chefe do Pe. Benoît e colaboradora nos esforços de resgate aos judeus. Em suas memórias, Leboucher enfatiza o apoio direto que eles receberam de Pio XII. Zuccotti alega que a assistência de Pio XII «deve ser vista como excessivamente escassa» e que o Pe. Benoît «não recebeu nenhum dinheiro do Vaticano»[100]. Leboucher, por outro lado, afirma inequivocamente que

> o Vaticano se ofereceu para providenciar todos os fundos necessários para o trabalho do Pe. Benoît. Assim, estima-se que um total de quatro milhões de dólares tenham sido canalizados do Vaticano à [...] organização de assistência de Benoît. Muito desse dinheiro veio do American Catholic Refugees Committee, uma agência oficial católica de coleta e distribuição de recursos cuja verba estava à disposição do Papa Pio XII[101].

As memórias de Leboucher, publicadas em 1969, jamais são mencionadas por Zuccotti.

Castel Gandolfo e a assistência aos judeus romanos

Durante a ocupação de Roma pelos nazistas, a residência de veraneio do papa em Castel Gandolfo chegou a abrigar três mil judeus simultaneamente. Surpreendentemente, Castel Gandolfo não é mencionada ou discutida sequer uma vez nos livros de Cornwell e Zuccotti. Mas quando se trata da Europa ocupada pelos nazistas, nenhum outro local ofereceu proteção e abrigo a um número tão elevado de judeus – e por um período tão longo de tempo – quanto Castel Gandolfo durante a ocupação de Roma pelos nazistas. Os judeus que ali se escondiam tinham acesso a comida *kosher*; os filhos desses judeus, conforme observa George Weigel, nasciam nos aposentos privativos de Pio XII, na altura convertidos numa maternidade temporária[102].

Localizada a aproximadamente 27 quilômetros de Roma, a minúscula Castel Gandolfo é usada pelos papas como uma segunda casa, uma cidade de veraneio e, ocasionalmente, um local de retiro. Tem sido assim por quatrocentos anos. O imperador romano Domiciano ordenou a construção de Castel Gandolfo mais de mil e novecentos anos atrás, com o intuito de utilizá-la como cidade de veraneio. Tendo servido como residência da nobreza por vários séculos, Castel Gandolfo passou a abrigar a casa de veraneio dos pontífices romanos em 1596[103]. O palácio papal dos dias de hoje, construído no século XVI, é «uma ampla casa de campo italiana», com uma capela adorável e vários apartamentos para hóspedes. Dizia-se que Pio XII amava Castel Gandolfo «mais do que qualquer outro papa»[104]. E foi ele quem aprovou a transformação de sua tão querida residência de veraneio num refúgio temporário para os judeus romanos.

Os críticos de Pio que chegam a mencionar Castel Gandolfo argumentam – de maneira absurda – que os judeus foram abrigados na residência de veraneio do papa sem conhecimento ou envolvimento direto do pontífice. Mas o fato é que Castel Gandolfo está sob jurisdição oficial do papa; à exceção do pontífice, ninguém tem autoridade para abrir as portas daquele local. De acordo com várias testemunhas oculares, incluindo o Mons. Carroll-Abbing, foi exatamente isso que Pio XII fez.

Os judeus de Roma foram (e ainda são) profundamente gratos a Pio XII por este lhes ter abrigado e protegido em Castel Gandolfo e outros locais. No verão de 1944 – depois da liberação de Roma, mas antes do fim da guerra –, Pio disse o seguinte a um grupo de judeus romanos que foram agradecê-lo por tê-los protegido:

> Durante séculos, os judeus têm sido desprezados e tratados injustamente. Já é hora de eles serem tratados com justiça e humanidade; Deus assim o quer, e a Igreja também. São Paulo nos diz que os judeus são nossos irmãos. Eles também devem ser acolhidos como nossos amigos[105].

A deportação dos judeus húngaros e romenos

A taxa de sobrevivência de judeus em países católicos como a Itália e a Bélgica era bem mais alta do que em países não católicos ocupados pelos nazistas. O fato inquestionável é que, nos países católicos onde Pio XII e os representantes diplomáticos do Vaticano tinham algum tipo de poder de barganha – incluindo Hungria, Romênia, Eslováquia e Croácia –, o papa conseguiu deter a deportação e o assassinato em massa de judeus pelos governos manipulados pelos nazistas.

Os exemplos de Hungria, Romênia e Eslováquia merecem atenção particular. Em 1944, os 750 mil judeus da Hungria eram «a maior comunidade judaica europeia a conseguir sobreviver fora da esfera de influência alemã»[106]. Em março de 1944, a Alemanha invadiu a Hungria e imediatamente promulgou decretos antijudaísmo. D. Angelo Rotta prontamente se manifestou contra os decretos e, na qualidade de núncio papal em Budapeste, foi o primeiro emissário estrangeiro a enviar uma mensagem formal expressando o protesto do Papa Pio XII. Menos de 24 horas depois que os dispositivos antijudeus entraram em vigor, Rotta atendeu a um pedido do papa e se encontrou com o ministro-chefe das relações exteriores da Hungria para condenar as medidas.

Rotta agiu repetidas vezes no sentido de se opor aos maus tratos a que eram submetidos os judeus húngaros e de exigir o fim das deportações. Como observa o grande historiador húngaro e judeu Jenö Lévai:

> Agindo sempre de acordo com as instruções da Santa Sé e em nome de Pio XII, o núncio [Angelo Rotta] nunca cessou de intervir contra as disposições relacionadas com os judeus e contra o caráter inumano da legislação [antissemita][107].

Os esforços do Vaticano em prol dos judeus húngaros não se limitaram aos protestos formais. O núncio Rotta também emitiu certificados de batismo e passaportes que permitiram a milhares de judeus sair da Hungria e escapar da deportação pelos nazistas. Em seu monumental *The Destruction of the European Jews* [«A destruição dos judeus europeus»], Raul Hilberg estima que Rotta tenha emitido vinte mil passaportes que permitiram a vários milhares de judeus sair da Hungria antes do fim de 1944, além de permitirem que muitos outros escapassem da deportação para Auschwitz[108].

Angelo Roncalli e os judeus

O arcebispo Angelo Roncalli, delegado apostólico do Vaticano em Istambul e futuro Papa João XXIII, atuou de maneira decisiva para ajudar Rotta a salvar dezenas de milhares de judeus húngaros da deportação. Seguindo ordens verbais de Pio XII, enviou dezenas de milhares de certificados de imigração – incluindo documentos de imigração palestinos que havia obtido dos ingleses – ao núncio papal em Budapeste. Assim, muitos judeus húngaros puderam fugir para a Palestina. Além disso, Roncalli assinou os vistos de trânsito de milhares de judeus eslovacos que estavam detidos na Hungria ou na Bulgária, permitindo-lhes que fossem para a Palestina e, portanto, se salvassem[109]. Os esforços de Roncalli e Rotta para auxiliar um sem--número de judeus (que certamente teriam perecido nas mãos dos nazistas se não fosse pela intervenção dos dois) têm sua efetividade atestada pelo fato de que Amin al-Husayni – homem violentamente antissemita, grão-mufti de Jerusalém e aliado próximo de Hitler – fez uma reclamação a Joachim von Ribbentrop, ministro das relações exteriores da Alemanha, sobre a chegada de quatro mil crianças judias, acompanhadas de quinhentos judeus adultos. Al-Husayni pediu a von Ribbentrop que evitasse a chegada de mais judeus.

Roncalli trabalhou em conjunto com líderes judeus como Isaac Herzog (rabino-chefe da Palestina) e Chaim Barlas (representante da Jewish Agency for Palestine em Istambul). Em fevereiro de 1944, Roncalli e o Rabino Herzog se encontraram duas vezes para discutir o destino dos 55 mil judeus da Transnístria, uma província administrada pela Romênia, composta de territórios tomados da União Soviética em 1941. «Região sombria e inóspita», a Transnístria tornou--se «um tipo de colônia penal para os judeus deportados. À medida que a Alemanha começou a perder força na frente oriental, os judeus passaram a ser deslocados para os campos de extermínio a oeste»[110]. O Vaticano, porém, intercedeu junto ao governo romeno[111]. Roncalli levou o apelo dos judeus ao Papa Pio XII; este, por sua vez, imediatamente autorizou o envio de dinheiro para os judeus da Transnístria[112]. Conforme observa Theodore Lavi em seu respeitado estudo:

> Esse interesse que o Vaticano manifestou ter naquela dramática primavera de 1944 foi um importante fator que contribuiu enormemente para salvar os judeus romenos. O poder de resistência moral deles aumentou quando perceberam que não estavam abandonados a seu próprio destino[113].

Em 28 de fevereiro de 1944, o Rabino Isaac Herzog, então em Jerusalém, enviou uma carta a Roncalli expressando sua gratidão:

pelas medidas enérgicas que o senhor adotou e que continuará adotando para salvar nosso povo infeliz. O senhor segue a tradição tão profundamente humanitária da Santa Sé, e segue também os nobres sentimentos do seu próprio coração[114].

Mais tarde, o rabino diria: «O Cardeal Roncalli é um homem que realmente ama os Povos do Livro. Por meio dele, milhares de judeus foram resgatados»[115]. Por sua vez, Chaim Barlas, que dirigiu o comitê de resgate da Jewish Agency na Turquia, acrescenta:

> Muito sangue e muita tinta foram derramados na tragédia judaica daqueles anos; dentre os poucos feitos heroicos empreendidos com o intuito de resgatar os judeus, relacionam-se as atividades de D. Roncalli, delegado apostólico que trabalhou incansavelmente em benefício do povo judeu[116].

Numa carta datada de 7 de abril de 1944 e enviada ao delegado apostólico papal, Alexander Safran, rabino-chefe da Romênia, uniu sua voz às de Herzog e Barlas e prestou também sua homenagem à Igreja Católica pelos esforços que a instituição empreendeu em prol dos judeus romenos:

> Nestes tempos árduos, nossos pensamentos mais do que nunca se voltam com gratidão respeitosa para tudo aquilo que foi feito pelo Romano Pontífice em prol dos judeus em geral, e por Vossa Excelência em prol dos judeus da Romênia e da Transnístria.
> Nas horas mais difíceis que nós, judeus da Romênia, tivemos que enfrentar, a generosa assistência da Santa Sé, intermediada pela sua elevada pessoa, foi decisiva e salutar. Para nós, não é fácil encontrar as palavras certas para expressar o acolhimento e o consolo que experimentamos graças aos cuidados do Sumo Pontífice, que ofereceu uma grande quantia para aliviar os sofrimentos dos judeus deportados – sofrimentos que lhe haviam sido revelados por Vossa Excelência, depois da sua visita à Transnístria. Os ju-

deus da Roménia jamais esquecerão esses fatos de grande importância histórica[117].

Em 1957, Pinchas Lapide, cônsul de Israel, prestou homenagem ao Cardeal Roncalli e, em nome do governo israelense, expressou profunda gratidão pela inestimável ajuda no salvamento de milhares de judeus. Antes que ele concluísse a fala, o futuro Papa João XXIII o interrompeu. «Em todos esses dolorosos assuntos», disse ele, erguendo a mão para rejeitar os elogios, «eu me remeti à Santa Sé e só fiz seguir as ordens do papa: em primeiríssimo lugar, salvar vidas humanas»[118].

Na obra *Pius XII and the Third Reich* [«Pio XII e o Terceiro Reich»], que faz uma crítica severa do papel desempenhado pelo papa durante o Holocausto, Saul Friedlander observa:

> Os arquivos sionistas contêm numerosos documentos que dizem respeito às constantes atividades do núncio Roncalli em favor dos judeus. Deve-se sublinhar que D. Roncalli declarou ter feito tudo o que fez seguindo os clamores do papa[119].

Lawrence Elliot, biógrafo de Roncalli, concluiu que, durante as atividades de resgate aos judeus europeus nos anos 1940, o cardeal «foi continuamente instado a agir pelo papa»[120]. Grande amigo do povo judeu e diligente pupilo de Pio XII (o qual viria a suceder no papado em 1958), Angelo Roncalli foi talvez a figura de maior destaque dentre os católicos que ofereceram assistência aos judeus e deram crédito a Pio XII pelos esforços de salvamento dos judeus durante o Holocausto.

Em meados do verão de 1944, 437 mil judeus já haviam sido deportados da Hungria, a despeito dos esforços do Vaticano. Em 25 de junho daquele ano, Pio XII enviou um telegrama aberto ao almirante Miklós Horthy, governante da Hungria, rogando-lhe que fizesse

> uso de toda a sua influência para pôr um fim às dores e aos tormentos que inúmeras pessoas têm sido obrigadas a enfren-

tar unicamente por questões de nacionalidade ou raça. Nosso coração paterno não pode permanecer impassível em face dos apelos dessas pessoas e das exigências da caridade, que se dirigem a todos os homens, sem distinção. Sendo assim, apelo pessoalmente a Vossa Excelência [...] na esperança de que faça de tudo para poupar essas pobres pessoas de mais tristezas e mais sofrimentos[121].

Menos de 24 horas após ter recebido o telegrama do papa, Horthy convocou o Conselho da Coroa Húngara, informou os membros sobre a intervenção do papa e exigiu que «as crueldades das deportações» fossem interrompidas imediatamente[122]. Dias depois, Horthy foi além e ordenou o fim de todas as deportações de judeus húngaros – de maneira que o plano nazista de extermínio dos judeus na Hungria foi... exterminado. Por causa das ações do Almirante Horthy em resposta ao telegrama do Papa Pio XII, 170 mil judeus húngaros foram salvos da iminente deportação para Auschwitz. «Os apelos do papa», conclui David S. Wyman, estudioso do Holocausto, «tiveram especial importância para pôr um fim às deportações». Em dezembro de 1944, quando a ocupação alemã da Hungria chegou ao fim, a maioria dos judeus de Budapeste havia sido salva dos crematórios nazistas.

A deportação de judeus da Eslováquia

Em artigo, o diplomata e jurista Dr. Joseph L. Lichten mostra que «Pio XII interveio diretamente e, ao contrário do que dizem seus acusadores, em termos inequívocos»[123] para ajudar os judeus da Eslováquia. Por meio de insistentes protestos diplomáticos, Pio XII e outros oficiais da Igreja puderam salvar dezenas de milhares de judeus eslovacos da deportação e, consequentemente, da morte nos campos de extermínio nazistas. Em março de 1942, quando passou a circular a informação de que oitenta mil judeus eslovacos seriam removidos à força de suas casas, a resposta do Vaticano não tardou. O secretário de Estado do Vaticano imediatamente registrou um protesto junto ao governo da Eslováquia. Protestos formais também vieram dos representantes pontifícios em Bratislava (capital da Eslováquia) e do núncio papal na Hungria – todos agindo em nome do Papa Pio XII. No dia 9 de março, o oficial do Vaticano na Eslováquia protestou afirmando que «deportar oitenta mil pessoas para a Polônia, deixando-as à mercê dos alemães, equivale a condená-las à morte certa»[124]. Em 21 de março de 1942, uma carta pastoral foi lida em todas as igrejas eslovacas por ordens dos bispos. A carta, cuja inspiração vinha do Vaticano, falava do «lamentável destino de milhares de cidadãos inocentes, que padeciam não por culpas que eles próprios tivessem, mas sim por causa de sua descendência ou nacionalidade»[125].

Quando uma segunda rodada de deportações foi marcada para o ano de 1943, o Vaticano novamente denunciou a proposta. Em 7 de abril de 1943, o próprio Pio XII dirigiu-se ao governo eslovaco por meio de uma carta de protesto carregada de palavras fortes, na qual «repudiava» as deportações que vinham sendo planejadas:

> A Santa Sé sempre nutriu a firme esperança de que o governo eslovaco [...] não daria andamento à remoção forçada de pessoas pertencentes à raça judaica. Por isso, foi com grande dor que a Santa Sé ficou sabendo de transferências contínuas dessa natureza que ocorrem no território da república. A dor é agravada pelo fato de que agora, ao que parece, [...] o governo eslovaco pretende dar andamento à remoção de todos os judeus residentes da Eslováquia, sem poupar sequer as mulheres e as crianças. A Santa Sé estaria em falta com seu Divino Mandato se não repudiasse essas medidas, as quais prejudicam gravemente o homem em seu direito natural, pela razão principal de que essas pessoas pertencem a certa raça[126].

No dia seguinte, Pio XII instruiu o representante do Vaticano na Bulgária a tomar todas as medidas necessárias em apoio aos judeus residentes que iam ser deportados.

Posteriormente, quando tudo levava a crer que ainda mais deportações estavam para ocorrer, o Papa Pio instruiu o representante do Vaticano na Eslováquia a se dirigir ao presidente Jozef Tiso (ele próprio sacerdote católico[127]) em nome do pontífice. O representante foi instruído a deixar claro «que a Santa Sé implora ansiosamente ao governo eslovaco [...] que assuma uma postura consoante aos princípios e aos sentimentos católicos do povo da Eslováquia»[128]. Depois da intervenção do papa, Tiso reduziu a pressão sobre os judeus da Eslováquia e impôs restrições aos planos de deportação.

Os seis protestos oficiais de Pio XII e as numerosas intercessões orais feitas em nome dele e em favor dos judeus eslovacos foram fatos significativos que contribuíram para interromper a deportação dos judeus eslovacos pelos nazistas. Embora a nova República Eslovaca pró-nazismo já tivesse deportado setenta mil judeus, o núncio papal em Bratislava conseguiu que o novo regime prometesse abandonar os planos de deportações futuras[129]. Como concluiu Léon Poliakov, distinto acadêmico franco-judeu, «a interrupção das deportações de judeus da Eslováquia no verão de 1942 – e, consequentemente, a sobrevivência de quase 25% dos judeus eslovacos – deve ser atribuída à pressão que o Vaticano exerceu sobre Mons. Tiso, chefe do Estado fantoche da Eslováquia»[130]. Em resumo, o Papa Pio XII teve um papel fundamental no salvamento das vidas de aproximadamente vinte mil judeus eslovacos.

Em homenagem a Pio XII: elogios da comunidade judaica

Em vida, o Papa Pio XII foi amplamente elogiado por ter salvado centenas de milhares de judeus durante o Holocausto. Já em 1940,

4. UM JUSTO ENTRE AS NAÇÕES

Albert Einstein, ele próprio um refugiado judeu que conseguira escapar da Alemanha nazista, prestou homenagem à «coragem» moral do Papa Pio e da Igreja Católica por terem se oposto «ao violento ataque hitleriano» contra a liberdade:

> Por ser um amante da liberdade, esperei que ela fosse defendida pelas universidades quando a revolução nazista eclodiu na Alemanha. Eu sabia que as universidades se gabavam de ter grande devoção pela causa da verdade. Mas não: elas foram imediatamente silenciadas. Em seguida, voltei-me para os grandes editores de jornais cujos editoriais incendiários de outrora haviam proclamado o amor pela liberdade. Mas eles, assim como as universidades, foram silenciados em algumas poucas semanas. Apenas a Igreja Católica se opôs de maneira inflexível à campanha hitleriana de supressão da verdade. Eu nunca tivera qualquer interesse especial pela Igreja, mas agora sinto por ela grande afeição e admiração, pois a Igreja teve, sozinha, a coragem e a persistência para defender a verdade intelectual e a liberdade moral. Sou forçado, portanto, a confessar: aquilo que eu um dia desprezei, hoje eu enalteço sem nenhuma reserva[131].

Ao longo dos anos 1940 e 1950, o Papa Pio XII foi aclamado pelos judeus por haver salvado muitas vidas judias[132]. Em 1943, Chaim Weizmann, mais tarde o primeiro presidente de Israel, escreveu: «Sempre que possível, a Santa Sé oferece sua poderosa ajuda para mitigar o destino dos meus companheiros de religião que sofrem perseguições»[133]. No ano seguinte, o Rabino Maurice Perlzweig, representante do Congresso Judeu Mundial, escreveu que «as reiteradas intervenções do Santo Padre em benefício das comunidades judaicas na Europa geraram os mais profundos sentimentos de apreço e gratidão da parte de judeus vindos do mundo todo»[134]. Em 31 de julho de 1944, o juiz Joseph Proskauer, presidente do American Jewish Committee, declarou o seguinte num discurso feito durante um comício no Madison Square Garden: «Ouvimos falar [...] sobre o importante papel que o Santo Padre [desempenhou] no salvamento dos refugiados judeus na Itália, e sabemos de fontes dignas de crédito que esse grande papa estendeu sua mão forte e protetora para ajudar os oprimidos da Hungria»[135]. Por sua vez, o Rabino Louis Finkelstein, chanceler do Seminário Teológico Judeu dos Estados Unidos, afirmou: «Ninguém repudiou o nazismo com mais contundência do que o Papa Pio XI e seu sucessor, Papa Pio XII»[136].

Moshe Sharett, que mais tarde seria o primeiro ministro das Relações Exteriores de Israel e o segundo a ocupar o cargo de primeiro-ministro, reforçou esses sentimentos de gratidão durante um encontro com Pio XII nos últimos dias da Segunda Guerra Mundial:

> Eu lhe disse que meu dever era, em primeiro lugar, agradecê-lo – e, por meio dele, agradecer também à Igreja Católica –, em nome do povo judeu, por tudo o que eles haviam feito para resgatar os judeus de vários países. [...] Somos profundamente gratos à Igreja Católica[137].

Da mesma forma, em 1945, Isaac Herzog, rabino-chefe de Israel, enviou uma mensagem ao Mons. Angelo Roncalli expressando sua gratidão pelas medidas tomadas pelo Papa Pio XII em benefício do povo judeu. Herzog escreveu o seguinte:

> O povo de Israel jamais esquecerá o que Sua Santidade e seus ilustres delegados, inspirados pelos princípios eternos da religião, que compõem a fundação mesma da verdadeira civilização, estão fazendo por nossos desafortunados irmãos e irmãs nesse momento que é o mais trágico da nossa história. Tudo isso é prova viva da Divina Providência neste mundo[138].

O Dr. Alexander Safran, rabino-chefe da Romênia, expressou a gratidão da comunidade judaica pelo auxílio do Vaticano e pelo apoio aos prisioneiros nos campos de concentração. Em setembro de

4. UM JUSTO ENTRE AS NAÇÕES   131

1945, o Dr. Leon Kubowitzky, secretário-geral do Congresso Judeu Mundial, agradeceu pessoalmente ao papa em Roma por sua intervenção em benefício dos judeus; o Congresso Judeu Mundial, por sua vez, doou vinte mil dólares às iniciativas de caridade do Vaticano, «em reconhecimento à atuação da Santa Sé na proteção dos judeus contra as perseguições dos nazistas e dos fascistas»[139]. Também em 1945, Maurice Edelman, membro do parlamento britânico e presidente da Associação Anglo-Judaica, encontrou-se com o papa para agradecê-lo, em nome da comunidade judaica da Inglaterra, por ter salvado dezenas de milhares de judeus[140].

O Dr. Raffaele Cantoni, ex-presidente do Comitê de Assistência Judaica (instituição formada por membros da comunidade judaica italiana durante a guerra) e que posteriormente se tornou presidente da União das Comunidades Judaicas Italianas, também expressou sua gratidão ao Vaticano, declarando que «seis milhões dos meus companheiros de religião foram assassinados pelos nazistas, mas o número de vítimas poderia ter sido muito maior, não fossem as eficazes intervenções de Pio XII»[141].

Mais testemunhos de gratidão a Pio XII vieram dos líderes da comunidade judaica americana. Em 1946, durante uma conferência realizada na cidade de St. Louis para discutir a situação dos refugiados judeus, William Rosenwald, presidente nacional da United Jewish Appeal e um dos mais importantes benfeitores dentre os judeus americanos, disse:

> Gostaria de aproveitar a oportunidade para prestar minha homenagem ao Papa Pio por seus apelos em favor das vítimas da guerra e da opressão. Ele ofereceu ajuda aos judeus da Itália e interveio em prol dos refugiados, de modo a aliviar o peso que eram forçados a carregar[142].

Judeus fizeram muitas outras homenagens a Pio nos anos subsequentes e logo depois da morte do Pontífice. Em 1955, quando a Itália celebrava o décimo aniversário da libertação do país, a União das Comunidades Judaicas Italianas proclamou o dia 17 de abril como um dia de gratidão pela ajuda que o papa ofereceu aos judeus na resistência contra os nazistas. Dezenas de católicos italianos, incluindo vários sacerdotes e freiras, receberam medalhas de ouro pelo extraordinário trabalho de resgate que desempenharam durante a guerra.

Algumas semanas depois, em 26 de maio de 1955, a Orquestra Filarmônica de Israel voou para Roma para uma performance especial da sétima sinfonia de Beethoven no consistório do Vaticano, expressando, com isso, a duradoura gratidão do Estado de Israel pela ajuda que o papa e a Igreja Católica ofereceram ao povo judeu[143]. Que a Filarmônica de Israel tenha se juntado ao restante do mundo judeu para prestar uma calorosa homenagem às conquistas e ao legado do Papa Pio XII é um fato de grande relevância. Por uma questão de política de Estado, a orquestra nunca tocou nenhuma obra do compositor Richard Wagner, que viveu durante o século XIX. Wagner ficou conhecido por seu antissemitismo e por ter sido o compositor favorito de Hitler. Além disso, o compositor também foi um dos patronos culturais do Terceiro Reich, e sua obra era tocada em festas e cerimônias do partido nazista. A despeito dos pedidos vindos de amantes da música, o veto estatal à obra de Wagner jamais foi derrubado. Durante os anos 1950 e 1960, uma parcela significativa do público israelense – incluindo centenas de milhares de pessoas que haviam sobrevivido aos campos de concentração e extermínio dos nazistas – ainda via a música de Wagner, e mesmo do compositor, como símbolo do regime de Hitler.

Sendo assim, é inconcebível que o governo de Israel tenha aceitado pagar as despesas de viagem de todos os integrantes da orquestra para que eles fossem a Roma e ali fizessem um concerto especial em homenagem a um líder eclesiástico se o líder em questão fosse considerado o papa de Hitler. Ao contrário, a visita histórica que a Filarmônica de Israel fez a Roma com o intuito de fazer um concerto para Pio XII no Vaticano foi um gesto único de gratidão e reconhecimento coletivo, direcionado a um grande líder mundial e amigo do povo judeu que teve papel fundamental no salvamento de centenas de milhares de judeus[144].

No dia da morte de Pio XII, em 1958, Golda Meir, ministra das relações exteriores de Israel, enviou um telegrama de condolências ao Vaticano no qual dizia:

> Partilhamos da dor de toda a humanidade. Quando o tenebroso martírio se abateu sobre o nosso povo na década do terror nazista, a voz do papa ergueu-se em prol das vítimas. A vida da nossa época foi enriquecida por essa voz que falava de grandes verdades morais e se projetava acima do tumulto causado pelos conflitos diários. Estamos de luto pela perda de um grande servidor da paz[145].

Antes do início de um concerto da Orquestra Filarmônica de Nova York, o maestro Leonard Bernstein pediu um minuto de silêncio «pelo falecimento de um grande homem, o Papa Pio XII»[146].

Nas semanas que se seguiram à morte de Pio XII, organizações e jornais judaicos do mundo todo fizeram luto pelo falecimento do Pontífice e prestaram homenagem aos esforços que ele empreendeu em favor dos judeus durante a guerra. Segundo recordou o *Canadian Jewish Chronicle*, Pio XII «possibilitou que milhares de judeus vítimas do nazismo e do fascismo pudessem encontrar um esconderijo». Na edição de 6 de novembro de 1958 do *Jewish Post*, de Winnipeg, William Zuckerman escreveu que nenhum outro líder «fez mais para ajudar os judeus no momento mais trágico da história desse povo – isto é, durante a ocupação da Europa pelos nazistas – do que o último papa»[147].

Sentimentos parecidos foram expressos nos vários tributos e necrológios escritos em memória do Papa Pio XII por rabinos e líderes comunitários judeus, bem como pela maioria dos veículos de imprensa israelenses. Vários leitores chegaram a escrever cartas abertas sugerindo que uma «floresta em homenagem ao Papa Pio XII» deveria ser plantada nas colinas da Judeia «para gravar na eternidade os serviços humanitários prestados pelo último pontífice em benefício dos judeus europeus»[148]. Ao longo da Segunda Guerra (e durante quase duas décadas após o conflito), o apreço e a gratidão dos judeus pelos esforços de Pio XII em benefício dos judeus europeus eram praticamente uma unanimidade. De fato, conforme bem observa Pinchas Lapide: «Nenhum papa na história foi reconhecido com tanto carinho pelos judeus por ter salvado ou ajudado seus irmãos necessitados»[149].

Conclusão: Pio XII, «justo entre as nações»

Na conclusão de seu livro sobre o Vaticano e o Holocausto na Itália, Susan Zuccotti desqualifica e menospreza (como frutos de equívoco, ignorância ou mesmo desonestidade) os elogios que Pio XII recebeu de líderes e acadêmicos judeus que foram seus contemporâneos, como Golda Meir, Moshe Sharett, Isaac Herzog, Pinchas Lapide e Albert Einstein, e faz o mesmo com outras expressões de gratidão vindas de capelães militares judeus e sobreviventes do Holocausto que foram testemunhas oculares da assistência e da compaixão do papa. É profundamente lamentável e preocupante que ela o faça. Negligenciar e deslegitimar a gratidão coletiva que os judeus têm por Pio XII equivale a negar a credibilidade do testemunho e do julgamento pessoal desses judeus no que diz respeito ao próprio Holocausto. Negar e deslegitimar a memória e a experiência coletiva que esses judeus têm do Holocausto, como faz Zuccotti, é envolver-se – de forma sutil, porém profunda – em teorias de negação do Holocausto.

Em seu esforço por vilipendiar Pio XII, Zuccotti também ignora, menospreza ou rejeita os eloquentes testemunhos primários de vários líderes eclesiásticos italianos e de sacerdotes que ajudaram a proteger os judeus. Segundo esses testemunhos, Pio XII deu instruções explícitas para que os judeus fossem resgatados e abrigados. Para citar apenas dois exemplos: primeiro, Zuccotti dispensa o testemunho de um sacerdote que afirma que o bispo Giuseppe Nicolini, de Assis, o abordou trazendo uma carta nas mãos e dizendo que o papa lhe havia escrito pedindo que ajudasse a proteger e dar abrigo aos judeus. Como o sacerdote não chegou a ler a carta, Zuccotti afirma que o testemunho dele deve ser rejeitado[150]. Além disso, o testemunho primário e bem documentado do sacerdote Mons. John Patrick Carroll-Abbing – segundo o qual o Papa Pio XII deu instruções para que os judeus italianos fossem protegidos e abrigados – é completamente ignorado por Zuccotti.

No vilipêndio que a autora direciona contra Pio XII, fica implícita uma tentativa de desqualificar e menosprezar acadêmicos judeus como Pinchas Lapide, cuja defesa de Pio XII teria sido apenas parte de um esforço «de judeus que se dedicaram à criação do Estado de Israel» para conquistar o reconhecimento do Vaticano para ao estado judeu[151]. Ou seja, para Zuccotti, tudo são meras tramas políticas. Embora esse fosse «um objetivo louvável» para Lapide e outros autores judeus partidários da causa israelense, a autora afirma que a meta acabou se sobrepondo à «tarefa de estabelecer a verdade histórica»[152]. Questionar e atacar a motivação e a credibilidade de líderes e acadêmicos judeus, tomados em conjunto, simplesmente pelo fato de eles serem judeus alinhados com o Estado de Israel, é especialmente lastimável e preocupante. Considerando-se a história recente, é também uma irresponsabilidade do ponto de vista intelectual.

Mas Zuccotti não é a única. A campanha promovida por Zuccotti, Cornwell e outros críticos papais com o intuito de vilipendiar Pio XII e difamar a memória do pontífice populariza a falsa noção de que Pio XII era simpatizante do nazismo e antissemita. Na verdade, Pio XII foi um amigo verdadeiro do povo judeu, num momento histórico em que esse tipo de amizade jamais tivera tanta importância.

Em 1983, escrevendo para o periódico *Yad Vashem Studies*, John S. Conway – principal estudioso dos *Atos e documentos da Santa Sé durante a Segunda Guerra Mundial*, publicada pelo Vaticano em onze volumes – concluiu:

> Um estudo detalhado dos milhares de documentos publicados nesses volumes oferece pouca sustentação à tese de que a autopreservação eclesiástica foi o principal motivo por trás das atitudes dos diplomatas do Vaticano. Em vez disso, a imagem que emerge é a de um grupo de homens inteligentes e responsáveis que buscavam seguir o caminho da paz e da justiça numa época em que esses ideais eram cruelmente reduzidos à condição de irrelevância – um mundo de «guerra total»[153].

Esses volumes esquecidos «revelarão, de maneira ainda mais clara e convincente», conforme disse o Papa João Paulo II a um grupo de líderes judeus reunidos em Miami em 1987, «quão profundamente Pio XII sentiu a tragédia vivida pelos judeus, e quão intensa e ativamente ele trabalhou para ajudá-los»[154].

Escrito no século VI, o Talmude, um grande compêndio da lei e da ética religiosa do povo judeu, ensina que, «se alguém preserva uma vida, terá preservado o mundo todo, segundo a Escritura». Mais do que muitos líderes que atuaram no século XX, Pio XII efetivamente seguiu essa lição do Talmude num momento em que a fé dos judeus europeus estava em jogo. Hoje, passados mais de sessenta anos do Holocausto, é preciso reconhecer de maneira mais ampla e generosa que Pio XII foi um verdadeiro amigo do povo judeu – um homem que salvou mais vidas judias do que qualquer outra pessoa, incluindo Raoul Wallenberg e Oskar Schindler (que são, com frequência e justiça, tratados como heróis por seus esforços). É preciso recordar que líderes judeus em Israel, na Europa e nos Estados Unidos enalteceram os esforços empreendidos pelo papa durante o Holocausto, prometendo jamais esquecê-los. É preciso recordar que nenhum outro papa na história foi reconhecido de maneira tão universal pelos judeus. A eloquente razão por trás desse reconhecimento sem pre-

4. UM JUSTO ENTRE AS NAÇÕES

cedentes precisa ser mais lembrada. É difícil imaginar que alguns dos maiores líderes judeus do mundo – vindos de vários continentes diferentes – tenham sido enganados ou ludibriados a louvar as ações do papa durante a guerra. A gratidão duradoura dos sobreviventes do Holocausto para com Pio XII é genuína e profunda.

Chegou a hora, creio eu, de Pio XII ser reconhecido formalmente pelo Yad Vashem como «justo entre as nações». Ao promulgar a lei que estabeleceu a criação do Yad Vashem, em 1953, o parlamento israelense declarou ser

> tarefa do Estado de Israel reconhecer o trabalho feito por não judeus pelo salvamento de vidas judias durante a Segunda Guerra Mundial. Uma «expressão de honra» foi concedida, em nome do povo judeu, a todas as pessoas ou famílias não judias que arriscaram suas vidas para salvar ou oferecer esconderijo aos judeus[155].

O conceito de «justo entre as nações», conforme observa Martin Gilbert, «tem longa história na tradição judaica»[156]. O termo «justo entre as nações» tem origem na cultura judaica «e já teve várias interpretações diferentes, incluindo essa famosa leitura na qual é aplicado a não judeus que estiveram ao lado dos judeus durante períodos de sofrimento e perseguição»[157]. O parlamento israelense, portanto, escolheu esse epíteto ancestral para homenagear os não judeus que ajudaram a proteger os judeus durante o Holocausto[158].

Em 1962, o Yad Vashem criou uma comissão pública chefiada por Moshe Landau, ministro da suprema corte de Israel que havia presidido o julgamento do criminoso de guerra nazista Adolf Eichmann. A comissão tinha por objetivo definir critérios para a concessão do título de «justo entre as nações» a não judeus que haviam ajudado a proteger os judeus, definindo, assim, quem poderia receber a homenagem[159]. A Comissão para a Designação dos Justos, que se reúne periodicamente e é composta por dezoito juízes e especialistas israelenses, examina as provas de atividades relacionadas à proteção e ao resgate de judeus, vindas tanto de testemunhos pessoais como de fontes de arquivo. Além disso, a comissão procura obter testemunhos oculares e de fonte primária – depoimentos de judeus que sobreviveram ao Holocausto e de cristãos que ajudaram a protegê-los. Para cada não judeu homenageado pelo Yad Vashem, uma árvore é plantada (às vezes pelo próprio homenageado) na chamada Avenida dos Justos[160].

No início de 2002, 56 anos após o fim da Segunda Guerra Mundial, mais de dezenove mil não judeus já haviam sido reconhecidos como «justos entre as nações» pelo Yad Vashem. «À medida que a virada do século foi se aproximando», nota Martin Gilbert, de maneira comovente, «o número de não judeus identificados e homenageados superou a marca de oitocentos por ano»[161]. Ao longo das duas últimas décadas, vários líderes eclesiásticos católicos – sacerdotes, freiras e cardeais – receberam o título de «justos gentios», incluindo D. Angelo Rotta, embaixador do Vaticano na Hungria durante a guerra, e o Cardeal Pietro Palazzini, que, segundo um porta-voz do Yad Vashem, «arriscou a própria vida» e foi «muito além do dever para salvar judeus [italianos] durante o Holocausto»[162]. Pio XII, no entanto, ainda não foi honrado com o título, embora também tenha ido «muito além do dever» para salvar e dar abrigo aos judeus italianos durante a ocupação de Roma pelos nazistas, à semelhança do que fez Palazzini.

Quando foi reconhecido como «justo entre as nações» pelo Yad Vashem, em 1985, Palazzini deu testemunho de que Pio XII lhe havia ordenado pessoalmente que salvasse e desse abrigo aos judeus. Os testemunhos bem documentados e de fonte primária de Palazzini, John Patrick Carroll-Abbing, Tibor Baranski e Pe. Benoît, bem como os de outros protetores católicos, contêm uma miríade de detalhes sobre os esforços de proteção de Pio em benefício dos judeus de Roma e de outros lugares; por si só, esses detalhes já credenciam o pontífice a receber o título de «justo gentio».

Conforme demonstrei, há vários testemunhos oculares e de fonte primária vindos de judeus contemporâneos de Pio XII que confirmam o seu papel histórico em favor dos judeus. Essa confirmação também vem do fato de o papa ter abrigado judeus em Castel Gandolfo e no Vaticano durante o cerco aos judeus italianos. «Mais do que qualquer outra coisa», recorda Elio Toaff, judeu italiano que sobreviveu ao Holocausto e mais tarde tornou-se rabino de Roma, «tivemos ocasião de testemunhar a bondade calorosa e a magnanimidade do papa durante os anos infelizes de perseguição e terror, quando parecia não haver mais escapatória para nós»[163]. A perspectiva e o julgamento dos judeus contemporâneos de Pio, como o Rabino Toaff e tantos outros que sobreviveram ao Holocausto, são cruciais para compreendermos como o pontificado e o legado de Pio devem ser vistos e avaliados por judeus e historiadores do presente.

Também temos os testemunhos pessoais de capelães militares judeus que serviram às forças Aliadas. Um exemplo é o Rabino André Zaoui, capelão judeu das Forças Expedicionárias Francesas na Itália. No dia 22 de junho de 1944, ele expressou textualmente sua gratidão ao papa «pelo imenso bem e incomparável caridade que Sua Santidade generosamente dispensou aos judeus da Itália, sobretudo às crianças, às mulheres e aos idosos da comunidade de Roma»[164].

Quatro semanas depois, David de Sola Pool, eminente rabino de Nova York que chefiava a Comissão de Capelania Judaica do Conselho Nacional pelo Bem-Estar dos Judeus e coordenava o trabalho dos capelães militares judaicos nos Estados Unidos, escreveu ao papa transmitindo a mesma mensagem de gratidão e reconhecimento público:

> Fomos informados por nossos capelães na Itália sobre a ajuda e a proteção oferecida a tantos judeus italianos pelo Vaticano e por sacerdotes e instituições da Igreja durante a ocupação do país pelos nazistas. Ficamos profundamente comovidos com essa extraordinária demonstração de amor cristão – ainda mais porque sabemos dos riscos assumidos por aqueles que deram abrigo aos

judeus. [...] Do fundo do nosso coração, enviamos-lhe a garantia de uma gratidão eterna[165].

Na cerimônia de Ação de Graças realizado no Templo Israelita – sinagoga do rabino-chefe de Roma – no dia 30 de julho, o capelão judeu da 5ª Divisão do Exército dos Estados Unidos, então estacionado na Itália, afirmou:

> Se não fosse a assistência verdadeiramente substancial e a ajuda oferecida aos judeus pelo Vaticano e pelas autoridades eclesiásticas de Roma, milhares de refugiados judeus certamente teriam perecido antes da libertação de Roma[166].

Os críticos do Papa Pio XII varrem para debaixo do tapete as declarações de capelães judeus, dos sobreviventes do Holocausto e dos protetores católicos. Preferem seus próprios preconceitos ideológicos a testemunhos em primeira mão. Preferem privar as futuras gerações do acesso a uma memória histórica mais precisa sobre o Holocausto.

Seria historicamente justo e moralmente apropriado que o Yad Vashem reconhecesse o Papa Pio XII e o homenageasse postumamente com o título de «justos entre as nações». Durante o pontificado de João Paulo II, alguns líderes católicos e judeus, incluindo o Rabino Toaff, discutiram o assunto e divulgaram o anseio de que Pio XII fosse reconhecido postumamente pelo Yad Vashem. Ao longo dos próximos anos, líderes e estudiosos católicos e judeus deveriam continuar a trabalhar juntos para apoiar e divulgar essa causa.

Conforme veremos nos próximos capítulos, o ato de reconhecer a verdade histórica sobre o Papa Pio XII tem suas ramificações, tanto no atual clima cultural como no panorama político.

Capítulo 5
A mídia progressista e as guerras culturais

Ao popularizar e perpetuar o mito do papa de Hitler, a mídia progressista fez dele um dos núcleos das guerras culturais. De fato, o mito teve início a partir das guerras culturais, como forma de atacar o Papa João Paulo II por seu apoio à possível canonização do Papa Pio XII. James Carroll redigiu um virulento ataque contra Pio XII na *New Yorker* de junho de 1999, justamente para questionar e prejudicar a causa de canonização de Pio XII[1]. Os críticos do papado – Carroll, por exemplo – obtiveram um sucesso ao menos parcial. Como afirma Daniel Jonah Goldhagen, com evidente satisfação: «A recente enxurrada de livros que pautam a má conduta de Pio XII durante o Holocausto pressionou a Igreja num momento em que a instituição deseja dar início ao processo que tipicamente leva à canonização»[2].

Desacreditar Pio XII é desacreditar o juízo de um papa que era malvisto por críticos proeminentes. Por isso, Garry Wills faz mais do que condenar o «papa de Hitler», ele condena a decisão, tomada por João Paulo II, de canonizar católicos martirizados pelos nazistas, em especial Edith Stein e Maximilian Kolbe, argumentando que essa decisão «representa uma tentativa cínica de "desjudaizar" o Holocausto»[3].

Goldhagen não apenas vilaniza Pio XII «pelo papel criminoso

[que o papa exerceu] durante o Holocausto [...] e muito provavelmente depois disso»[4], como também chega a afirmar que, «a essa altura, já deve estar claro que a Igreja deveria cessar seus esforços de canonização de Pio XII»[5]. De fato, «qualquer canonização seria uma chancela oficial ao antissemitismo, e mesmo uma bênção retroativa da Igreja ao Holocausto»[6]. Conforme bem observou o historiador Philip Jenkins, «há muita coisa em jogo nesse debate»[7].

Os críticos empregam dois pesos e duas medidas ao falar sobre a polêmica em torno de Pio, popularizando e perpetuando o mito do papa de Hitler e menosprezando ou ignorando as fartas evidências históricas em sentido contrário. Recentemente, esse viés da mídia encontrou expressão na caluniosa cobertura da mais nova e absurda alegação antipapal, segundo a qual a Igreja Católica «sequestrou crianças judias depois do Holocausto»[8]. Mais especificamente, alegou-se que a Igreja Católica da França, seguindo ordens diretas de Pio XII, proibiu famílias francesas católicas que haviam ajudado a esconder crianças judias durante o Holocausto de devolver essas crianças às suas respectivas famílias nos casos em que as crianças já haviam sido batizadas[9].

Essa nova controvérsia anti-Pio XII teve início em 28 de dezembro de 2004. O jornal italiano *Il Corriere della Sera* publicou um artigo temerário afirmando que, em 1946, Pio XII enviou instruções explícitas ao núncio papal na França, D. Angelo Roncalli, ordenando que ele não devolvesse as crianças judias a seus pais, caso elas tivessem sido batizadas quando abrigadas por famílias ou instituições católicas durante o Holocausto. Escrito por Alberto Melloni – jornalista e historiador italiano, progressista e ferrenho crítico do papado –, o artigo alegava ainda que Roncalli ignorou as «frias instruções» de Pio XII e não as pôs em prática, ordenando, em vez disso, que as crianças judias fossem devolvidas às famílias sobreviventes do Holocausto[10].

Antes mesmo que a veracidade dessas alegações fosse verificada, a mídia mundial a reproduziu em toda parte. No dia 9 de janeiro de 2005, o *New York Times* publicou um artigo baseado nas alegações de Melloni, intitulado: «*Saving Jewish Children: But at What Cost?*» [«Salvar crianças judias: mas a que custo?»][11]. Críticos progressistas do papa acabavam de acrescentar um novo pecado ao pontificado de Pio XII: o sequestro. Pelo menos desde o infame caso Mortara[12], no fim dos anos 1850, essa era a primeira vez que um papa era acusado de «sequestrar» uma criança judia batizada e de se recusar a devolvê--la para sua família de direito.

É verdade que, durante o Holocausto, crianças judias abrigadas por famílias católicas tinham que «fingir» ser católicas. Algumas famílias de fato batizaram essas crianças – talvez por convicções de ordem religiosa, talvez num esforço para enganar os nazistas[13]. Depois da guerra, havia de dez a vinte mil crianças judias órfãs na França (das quais apenas algumas haviam sido batizadas) que ainda viviam com famílias católicas ou em instituições ligadas à Igreja.

Imediatamente após o Holocausto, em março de 1946, o Dr. Isaac Herzog, rabino-chefe da Palestina, encontrou-se com Pio XII e lhe perguntou o que poderia ser feito para que esses judeus órfãos fossem devolvidos a famílias ou organizações filantrópicas judias, a fim de que pudessem ser criadas num ambiente judeu. Segundo o que se sabe, a reunião terminou muito bem: o papa prometeu ao Rabino Herzog que procuraria se informar mais sobre a situação, e o rabino-chefe «expressou sua profunda gratidão» tanto pela promessa do papa quanto pelo trabalho heroico que Pio e a Igreja Católica haviam feito para proteger e abrigar os judeus durante a guerra[14].

Herzog observou que Pio XII «trabalhou no sentido de banir o antissemitismo em vários países» e concluiu com uma invocação: «Se Deus quiser, a história há de recordar que, quando a escuridão se abateu sobre nosso povo, Sua Santidade fez brilhar para nós uma luz de esperança»[15].

Em 31 de março de 1946, o *Palestine Post* noticiou o que o Rabino Herzog «disse sobre sua reunião com o papa, que o havia recebido num domingo, no início de março. A conversa entre os dois [...] baseou-se sobretudo na questão das oito mil crianças [sendo] mantidas em conventos e lares cristãos na Polônia, na França, na Bélgica e na Holanda. O Vaticano prometeu que ajudaria a levar essas crianças de volta para o convívio dos judeus»[16]. Pio XII deve ter cumprido a promessa, porque o Rabino Herzog «continuou a elogiar a conduta dele com relação à comunidade judaica durante toda a vida do papa».

O testemunho de outros líderes judeus confirma essa hipótese. Em 1965, o Dr. Leon Kubowitzky, do Congresso Judeu Mundial, disse: «Posso afirmar que não tenho conhecimento de nenhum episódio em que instituições católicas tenham se recusado a devolver crianças judias»[17]. Mais recentemente, Serge Klarsfeld, historiador francês especializado na história do Holocausto e advogado antinazista, afirmou enfaticamente que essa nova controvérsia sobre o destino das crianças judias refugiadas em lares católicos durante o Holocausto é «uma tempestade em copo d'água», porque «quase nenhuma criança foi impedida de voltar para sua família depois [da guerra]»[18]. Klarsfeld, que estudou a trajetória dos filhos de famílias judias durante o Holocausto e esteve envolvido nos processos de vários criminosos de guerra nazistas que agiram na França, afirma que a maioria das «crianças refugiadas» que receberam o batismo provavelmente voltaram a praticar o judaísmo depois de terem sido devolvidas a seus respectivos lares depois da guerra. «Nunca deixaram de ser judias», diz ele. «Só levavam no bolso um documento dizendo que elas haviam sido batizadas»[19].

De fato, pouco depois de se reunir com Herzog em 1946, Pio instruiu a Sagrada Congregação do Santo Ofício a estabelecer diretrizes que intermediassem a relação entre a Igreja e as instituições ou famílias judias que desejavam reivindicar ou adotar crianças judias que ainda viviam em lares católicos. Com base nas palavras dessas diretrizes do Santo Ofício, um dos assistentes de Pio XII, Mons. Domenico Tardini, enviou um memorando redigido em italiano e datado de 28 de setembro de 1946 ao núncio Roncalli, da França, explicando como os representantes da Igreja Francesa deveriam lidar com a questão.

Em seu artigo, Melloni cita uma tradução francesa (feita por um autor desconhecido) das instruções de Tardini. Datado de 23 de outubro de 1946, o memorando em francês contém um erro de tradução numa importante frase que versa sobre o direito de reivindicação que as famílias judias sobreviventes do Holocausto tinham sobre as crianças que estavam sob os cuidados da Igreja. Ao contrário do memorando original – que claramente incentiva os religiosos e leigos católicos franceses a devolver todas as crianças judias refugiadas, batizadas ou não, a seus verdadeiros pais ou a instituições judias –, a tradução francesa dá a «impressão de que a Igreja deveria manter a guarda dessas crianças, sobretudo se elas tivessem sido batizadas, mesmo na hipótese de que os pais verdadeiros viessem buscá-las»[20]. A tradução francesa contradiz abertamente a redação que Tardini deu às instruções de Pio XII. Ordens posteriores – dadas por Pio XII, por Roncalli e por outros representantes da hierarquia católica francesa – «deixam claro que a política de Pio no pós-guerra era de promover o reencontro entre pais e filhos judeus tão rápido quanto fosse humanamente possível».

Ora, por que essa contradição? Porque o memorando em francês – supostamente um «documento pontifício» – não é autêntico. O artigo de Alberto Melloni, conforme aponta Robert J. Rychlak, «baseia-se numa má tradução (talvez uma fraude intencional)». O memorando é um documento «forjado» e definitivamente «não veio do Vaticano»[21].

O suposto documento pontifício

> não tem assinatura e não foi redigido em papel timbrado do Vaticano. Além disso, oficiais do Vaticano imediatamente observaram que as palavras utilizadas no memorando não são compatíveis com aquelas que o Vaticano comumente utilizava em suas instruções.

> Na verdade, o simples fato de a carta estar em francês (e não em italiano) é suficiente para demonstrar que ela não contém as «instruções [autênticas] que o papa dirigiu ao núncio»[22].

A credibilidade das alegações sensacionalistas feitas por Melloni e reproduzidas acriticamente pelo *New York Times* e outros veículos da mídia liberal americana foi categoricamente refutada por dois italianos que estão entre os maiores estudiosos do pontificado de Pio XII. São eles Andrea Tornielli, respeitado correspondente do jornal milanês *Il Giornale* no Vaticano, e Matteo L. Napolitano, historiador diplomático. Juntos, Tornielli e Napolitano escreveram o livro *Il papa che salvò gli ebrei* [«O papa que salvou os judeus»], lançado em 2004[23].

Alberto Melloni não identifica o arquivo eclesiástico francês do qual provém o suposto documento papal sobre o qual escreve, mas Tornielli encontrou as instruções papais originais e autênticas no Centro Nacional dos Arquivos da Igreja Francesa. Em reportagem publicada na primeira página do *Il Giornale*[24], Tornielli compara o documento original do Vaticano com a versão de Melloni e prova a falsidade das alegações contra o Papa Pio XII[25]. O mais incrível, segundo um estudioso que leu o documento papal autêntico, é que as instruções de Pio XII

> são quase que totalmente opostas ao relato feito por Melloni e acolhido com tanto entusiasmo pelos críticos do papa. As instruções originais não trazem qualquer indicação de que as crianças judias devam permanecer separadas de suas respectivas famílias – pelo contrário![26]

Num outro artigo publicado pelo *Il Giornale*, Matteo Napolitano

> faz uma severa crítica a Melloni por seu juízo precipitado e por haver publicado, também de maneira precipitada, uma reportagem incompleta e totalmente enganosa, baseada num memorando duvidoso que não tinha relação com Pio XII – coisa que nenhum historiador sério jamais deveria fazer[27].

Mas para Melloni, crítico de Pio XII e João Paulo II, não havia evidência duvidosa quando o assunto era fazer avançar o mito do papa de Hitler. E a mídia progressista americana aceitou tudo, sem nada questionar.

O *New York Times*, por exemplo, simplesmente reiterou as críticas a Pio, embora elas não tivessem sido verificadas. Boa parte da mídia – rádios, revistas, etc. – fez o mesmo, veiculando editoriais, reportagens, artigos e transmissões baseadas no infame artigo de Melloni. Daniel Jonah Goldhagen, em artigo na revista *New Republic*, pediu publicamente ao Vaticano que criasse e financiasse uma comissão internacional «para determinar quantas crianças judias a Igreja sequestrou na Europa e o papel exato desempenhado por Pio XII»[28].

Em vez de agradecer à Igreja Católica por ter salvado crianças judias, alguns atacaram a Igreja e o Papa Pio XII, apressando-se a emitir julgamentos e condenações com base num memorando fraudulento. Goldhagen ataca Pio XII descrevendo-o como um «papa antissemita, [...] supostamente um dos mais vorazes sequestradores dos tempos modernos»[29]. Argumentou ainda que o memorando de Melloni «revela que o papa e a Igreja efetivamente tinham por política sequestrar crianças judias, talvez milhares delas. [...] O propósito dessa política claramente era o de implementar um plano que vitimaria os judeus uma segunda vez, privando os que haviam sobrevivido ao nazismo – tanto física como espiritualmente – da convivência com seus próprios filhos»[30]. Goldhagen conclui o ataque afirmando que a Igreja Católica «deveria cessar os esforços de canonização de Pio XII»[31]. O autor foi ainda mais longe na sua diatribe; chegou a afirmar que «as frias instruções do Papa Pio XII apontam na direção do que pode ter sido uma conspiração criminosa de proporções continentais»[32].

É deprimente que essa cepa de histeria e pânico seja aceita como fato. Ao mesmo tempo em que continua a oferecer distorções grotescas relacionadas ao mito do papa de Hitler, parte da mídia opta por ignorar histórias que poderiam ser igualmente persuasivas – histórias verdadeiras que versam sobre o Papa Pio XII e que se baseiam em documentos divulgados recentemente. Consideremos, por exemplo, os documentos sobre a trama nazista para sequestrar Pio XII.

Há muito tempo sabe-se que Hitler tinha planos de sequestrar Pio XII, e que o papa sabia da existência desses planos. Agora, no entanto, temos acesso a mais detalhes. Em janeiro de 2005, o diário italiano *Avvenire* publicou um relato cuidadosamente documentado sobre como o General Karl Otto Wolff, comandante da SS responsável pela ocupação da cidade de Roma, recebeu ordens de Hitler para sequestrar o papa. A ideia era que isso acontecesse em 1944, um pouco antes de os alemães saírem da cidade. Wolff, no entanto, achava que o sequestro era uma má ideia e avisou Pio sobre os planos de Hitler em uma audiência secreta no Vaticano[33]. De acordo com o *Avvenire*, publicado pela Conferência dos Bispos Italianos, Wolff teve uma reunião secreta com o papa em maio de 1944, após ter recebido a ordem do sequestro. Ele «entrou no Vaticano à noite, vestido em trajes civis e auxiliado por um sacerdote»[34]. Na reunião, «Wolff garantiu ao papa que nenhum sequestro ocorreria, mas também o alertou» sobre o fato de que Hitler considerava Pio um «amigo dos judeus» e um obstáculo ao «plano [nazista] de dominação global»[35]. Wolff disse ao papa «que tivesse cautela, pois, ainda que o próprio Wolff não estivesse disposto a seguir as ordens que havia recebido, a situação continuava confusa e repleta de riscos». Pio então pediu a Wolff que lhe desse uma «prova de sua sinceridade» libertando italianos condenados à execução pelos nazistas[36]. Isso foi de fato feito, segundo ordens de Wolff, antes que os alemães saíssem de Roma.

O relato bem documentado do *Avvenire* a respeito da trama nazista para sequestrar Pio foi veiculado algumas semanas depois da publicação do memorando francês pelo *Corriere della Sera*. Infelizmente, porém, não recebeu quase nenhuma atenção, talvez porque recordasse aos leitores que Hitler planejava sequestrar Pio e que o considerava um inimigo – algo que contradiz o mito do papa de Hitler.

Há outros exemplos de como a mídia liberal usou dois pesos e duas medidas na cobertura do pontificado de Pio XII. Enquanto o

New York Times e as revistas *New Yorker*, *New York Review of Books*, *New Republic* e *Jewish Forward* não hesitaram em publicar comentários extensos (e frequentemente acríticos) sobre livros que atacavam Pio XII e o papel desempenhado pelo Vaticano durante o Holocausto, nenhuma dessas publicações se deu o trabalho de examinar, de maneira crítica ou elogiosa, nenhum dos trabalhos acadêmicos escritos em defesa de Pio.

Essa abordagem parcial é evidente sobretudo na cobertura feita por John Cornwell. No livro *The Pontiff in Winter* [«O pontífice no inverno»], publicado nos Estados Unidos no fim de 2004, Cornwell reconhece que cometeu equívocos em *O papa de Hitler*, que não devia ter atribuído intenções malignas a Pio XII e agora acredita ser «impossível julgar» o papa que comandou a Igreja durante a guerra[37]. A reviravolta de Cornwell foi registrada em algumas notas curtas, que já havia, claro, ignorado totalmente as outras refutações acadêmicas de *O papa de Hitler*.

O papa de Hitler e Hollywood

O mito do papa de Hitler chegou a Hollywood por meio do filme *Amém*, de 2002, dirigido por Constantin Costa-Gavras. A obra, um ataque aberto a Pio XII, baseia-se na peça *O vigário* (1963), de Rolf Hochhuth, outra infame diatribe antipapal. O cartaz de divulgação do filme trazia uma cruz vermelha que se transformava numa suástica, bem como imagens dos protagonistas do filme – um oficial da SS e um padre jesuíta –, sugerindo «um amálgama de crenças nazistas e cristãs»[38]. Bispos alemães reunidos em Stuttgart declararam que o cartaz de divulgação de *Amém* era «uma difamação desabrida e uma distorção da história»[39]. O Cardeal Jean-Marie Lustiger, arcebispo de Paris, comparou o cartaz «a pichações pró-nazistas feitas em sinagogas e cemitérios judeus»[40]. Uma organização católica da França tentou proibir a veiculação do anúncio, afirmando que ele era «um ataque gratuito, desnecessário e aberto a sentimentos religiosos que merecem respeito». Alguns dos mais importantes líderes judeus franceses – incluindo o rabino-chefe da França – engrossaram o coro[41].

Para a Igreja Católica, no entanto, os ataques vindos da indústria cinematográfica não são novidade. A Igreja foi submetida a uma onda de filmes e reportagens hostis desde os anos 1980, a começar por filmes como *Monsenhor* (1982) e *Agnes de Deus* (1985). Essas obras, conforme observa o historiador Philip Jenkins, «abordam temas anticlericais bastante familiares, explorando a imensa hipocrisia que supostamente se esconderia por trás de uma máscara de santidade»[42]. *Amém*, no entanto, falsificava deliberadamente fatos históricos comprovados com o intuito de propalar uma mensagem anticatólica.

O enredo do filme acompanha os esforços de dois homens para expor os horrores do Holocausto. Um dos protagonistas do filme é um sacerdote católico – o Padre Riccardo Fontana – que atua em Berlim. Trata-se de um personagem totalmente fictício. O segundo personagem baseia-se numa figura real – o químico alemão Kurt Gerstein, protestante devoto que ajudou a desenvolver o gás letal Zyklon B, utilizado para assassinar judeus em Auschwitz e outros campos de extermínio nazistas[43]. A despeito de ter inicialmente se oposto ao nazismo, Gerstein tornou-se um oficial da SS e foi encarregado de distribuir o Zyklon B para os campos de extermínio[44]. Ele acreditava que o gás era utilizado para descontaminar e purificar a água consumida pelos soldados nazistas. Ao descobrir que, além disso, o gás também era utilizado para assassinar judeus nos campos poloneses, Gerstein fica horrorizado e tenta (em vão) expor mundialmente os planos nazistas de extermínio. Na cena que representa o clímax do filme, Gerstein encontra-se com outro personagem histórico, D. Cesare Orsenigo, representante do papa em Berlim, na tentativa de recrutar a ajuda do religioso católico em prol dos judeus da Polônia. Orsenigo recusa-se a cooperar.

No filme, Gerstein e o personagem fictício (o Pe. Fontana) via-

5. A MÍDIA PROGRESSISTA E AS GUERRAS CULTURAIS 151

jam para Roma na esperança de conseguir uma audiência com o papa. Eles chegam quando os nazistas estão capturando os judeus romanos e deportando-os para Auschwitz. O Pe. Fontana encontra-se com Pio (retratado como colaborador nazista, antissemita, frio e avarento, tal como na peça de Hochhuth) e busca persuadi-lo a intervir em prol dos judeus de Roma. Depois de fracassar na tentativa de convencer o «silencioso» papa a tomar uma atitude imediata, o jovem jesuíta coloca uma estrela de Davi em seus próprios trajes clericais e junta-se aos judeus de Roma, que são capturados e deportados para os campos de extermínio. Gerstein tenta resgatar o sacerdote, mas ele se recusa a sair de Auschwitz. Posteriormente, Gerstein tenta se encontrar com Pio XII, que friamente se recusa a lhe conceder uma audiência. Horrorizado e desiludido, Gerstein comete suicídio pouco tempo depois.

Embora a trama do filme seja interessante, ela é completamente inverídica. Conforme observou Ronald J. Rychlak:

> O verdadeiro Kurt Gerstein jamais se encontrou com o núncio papal em Berlim, nem sequer afirmou tê-lo feito. É verdade que ele tentou se encontrar com D. Orsenigo e foi proibido de entrar na nunciatura – mas isso foi sobretudo porque ele estava vestindo um uniforme da SS. Ao contrário do que o filme faz crer, os representantes da Igreja não se imiscuíram com oficiais nazistas[45].

Da mesma forma, o verdadeiro Gerstein nunca teve nenhum pedido negado por Pio XII em Roma; na verdade, ele não conseguiu chegar a Roma e morreu numa prisão militar francesa[46].

Ronald J. Rychlak conclui acertadamente que se por um lado *Amém* afirma ter «honestidade histórica»,

> por outro a tese, os fatos e os materiais promocionais do filme vão de encontro a praticamente todas as descobertas históricas feitas desde que Hochhuth escreveu *O vigário*. Assim como a peça

de 1963, o filme definitivamente não é história. Ou então é história à la Oliver Stone[47].

Pior ainda, na verdade: o filme é a história segundo Rolf Hochhuth, que recentemente reconheceu ser amigo de longa data de David Irving, um negacionista do Holocausto já qualificado por Hochhuth como «fabuloso pioneiro no campo da história contemporânea», um «homem honrado», «bem mais sério do que muitos historiadores alemães»[48].

Amém não foi um sucesso de bilheteria, mas dois anos depois um outro filme sobre cristianismo e judaísmo quebrou recordes de audiência: *A Paixão de Cristo*, de Mel Gibson. Curiosamente, o filme também tem relação direta com a controvérsia sobre Pio.

Mel Gibson e as guerras culturais

Em resposta às críticas acaloradas vindas de judeus e católicos progressistas, que atacaram *A Paixão de Cristo* por ser um filme antissemita, Mel Gibson negou repetidas vezes que a abordagem ou a mensagem do filme tivesse potencial depreciativo com relação aos judeus. «Não se trata de uma disputa entre cristãos e judeus», afirmou Gibson. O padre jesuíta William J. Fulco, professor de estudos mediterrâneos antigos na Universidade Loyola Marymount, em Los Angeles, que traduziu o roteiro para o aramaico e para o latim, afirma não ter visto nenhum indício de antissemitismo no filme. «Ficaria espantado se alguém sugerisse que Mel é antissemita»[49], acrescenta o professor.

O interessante é que alguns dos críticos mais ferozes de Gibson são justamente os autores que atacam o Papa Pio XII. Argumentam que o catolicismo, e mesmo os Evangelhos – quanto mais um líder da Igreja Católica ou um diretor católico – são, por definição, virtualmente antissemitas. James Carroll, por exemplo, denunciou o uso do Novo Testamento. «Mesmo uma repetição fiel das histórias relacionadas à morte de Jesus (tal como aparecem nos Evangelhos) pode causar estrago. Isso se dá justamente porque esses textos sagrados carregam em si o vírus do ódio aos judeus», escreve Carroll[50].

Esse extremismo é característico do trabalho de Carroll e, é claro, de Daniel Jonah Goldhagen – mas tem ampla aceitação em alguns setores da mídia. De fato, Carroll se projetou como um dos católicos ditos progressistas de maior destaque dentre os críticos ao filme de Gibson. Ele chegou a referir-se à obra como um «retrato obsceno da paixão de Cristo». «*A Paixão de Cristo*», alega Carroll, «é um filme obsceno que incita o desprezo pelos judeus, que insulta e blasfema a memória de Jesus Cristo, e que se constitui como um símbolo de violência religiosa». Os judeus, para Carroll, «têm todas as razões do mundo para se sentirem ofendidos por *A Paixão de Cristo*. E os cristãos têm razões ainda maiores, se é que isso é possível»[51]. Na revista *Tikkun* – publicação judaica com viés secular –, Carroll também denuncia o filme por «distorcer o Evangelho de maneira antijudaica»[52].

As acusações feitas por Carroll a Gibson fundamentam-se na suposição, devidamente esmiuçada no livro *A espada de Constantino*, de que o antissemitismo é produto direto do cristianismo e de que «o antissemitismo cristão tem raízes no texto da Escritura [isto é, do Novo Testamento]»[53]. Conforme assinala Philip Jenkins, «Carroll argumenta que o antissemitismo foi fundamental para a constituição do cristianismo – foi o pecado original dos cristãos. A teologia cristã está fundada no antissemitismo»[54]. Do ponto de vista de Carroll, portanto, um católico [...] deve acreditar e, fundamentalmente, abraçar a doutrina antissemita. Essa definição dispensa a necessidade de considerar os fatos. A ligação histórica entre catolicismo e antissemitismo, na forma exposta por Carroll, pode ser contestada de múltiplas formas. Jenkins afirma que o ponto fraco de Carroll é a análise «do momento crítico em que se desenrola o Novo Testamento» e observa, acertadamente, que Carroll «confia excessivamente no trabalho de John Dominic Crossan, o membro mais prolífico e influente do grupo Seminário de Jesus[55], que representa uma parcela radical dos estudiosos do Novo Testamento»[56]. Crossan também foi um dos que criticou o filme abertamente. Tanto no caso de Crossan como no de Carroll, «um desejo louvável de expurgar elementos possivelmente antissemitas os leva a rejeitar a historicidade de vários incidentes e passagens [do Novo Testamento]», tais como aqueles relacionados à paixão de Cristo, «que a maioria dos estudiosos aceitaria como autênticos»[57].

Mais especificamente, Carroll afirma que *A Paixão de Cristo* é um produto do «catolicismo ultraconservador»[58] de Gibson. Garry Wills, outro crítico do papado, concordou. Em artigo publicado na *New York Review of Books*, Wills combinou uma crítica do filme de Gibson com a resenha de um livro sobre supostos «abusos de poder» por parte de João Paulo II[59]. Assim, Wills teve a oportunidade de atacar não apenas o filme como o Papa João Paulo II.

Assim como Carroll, Daniel Jonah Goldhagen vê o antissemitismo como parte indissociável do catolicismo. Goldhagen afirma que a paixão de Cristo, como retratado por Gibson, «é movida fundamentalmente pela noção de que todos os judeus eram assassinos de Cristo»; além disso, o autor dá a entender que a maioria dos católicos ortodoxos ainda vê os judeus de hoje como culpados pela crucificação de Jesus.

Ao atacar aquilo que chama de «cruz vingadora de Mel Gibson», Goldhagen reconhece sua dívida para com Carroll, o qual, no livro *A espada de Constantino*,

> expôs claramente como, ao longo da história, a Igreja transformou a cruz num símbolo de muitas coisas perniciosas e malignas, sendo as mais significativas um certo espírito beligerante e conquistador e a demonização dos judeus, considerados assassinos de Cristo[60].

Para aqueles que veem *A Paixão de Cristo*, argumenta Goldhagen, será «difícil lamentar a morte injusta do amado [Jesus]» sem culpar os judeus pelo assassinato do Messias, «sem sentir ódio e um anseio de punição ou vingança». Provas disso, afirma Goldhagen, podem ser encontradas

> tanto na história da cruz, símbolo marcial ostentado pelos cruzados e outros cristãos que acossaram os judeus, como em encenações da Paixão durante a Semana Santa, que frequentemente levavam multidões de cristãos a atacar judeus locais[61].

Embora esses críticos temessem que *A Paixão de Cristo* pudesse criar um frenesi antijudeu, o único frenesi que se viu foi, de fato, a própria histeria dos críticos. Conforme apontado por vários judeus que defenderam Gibson, «as sombrias previsões de que o filme de Gibson suscitaria ondas de violência antissemita jamais se cumpriram, nem nos Estados Unidos nem em qualquer outro lugar do mundo»[62]. Embora «um número recorde de pessoas tenha visto *A Paixão de Cristo*, filme dirigido por Mel Gibson, nos mais variados locais e ao longo de várias semanas», observa o Rabino Aryeh Spero, «nenhuma sinagoga americana foi incendiada e nenhum cemitério judeu foi vandalizado pelos cristãos que viram o filme». Ele prossegue:

> Tendo sido advertidos de que as encenações da paixão e os sermões de Páscoa na Europa medieval costumavam incitar o público a pilhar os judeus e suas propriedades, os americanos deveriam se sentir orgulhosos por não haverem se materializado aqui as revoltas antissemitas previstas [...]. Em vez de afirmar os pesadelos dos críticos, *A paixão* provou o contrário – isto é, que os cristãos americanos estão predispostos a ser generosos com seus vizinhos judeus. Se o antissemitismo fosse algo latente no coração dos cristãos americanos, o filme teria sido um ótimo catalisador para que ele se expressasse. Como isso não aconteceu, as multidões que assistiram ao filme estão nos dizendo que elas se emocionam por

aquilo que é positivo, religioso e inspirador, e não pelo preconceito ou pela gritaria.

Spero conclui:

O filme *A Paixão de Cristo* deve agora ser encarado como um divisor de águas a anunciar, de uma vez por todas, que o antissemitismo praticamente não existe nas comunidades cristãs americanas. [...] Para a comunidade judaica, os resultados devem ser motivo de festa, e não de ansiedade[63].

Uma pesquisa pública de opinião parece ter sublinhado as conclusões do Rabino Spero, conforme se nota pela manchete: «O impacto inesperado de *A paixão*: filme e debates podem estar diminuindo a hostilidade contra os judeus»[64]. Da mesma forma, mais de dois terços dos mil participantes de uma pesquisa nacional realizada pelo Institute for Jewish and Community Research afirmaram que assistir ao filme os tornou «menos propensos a responsabilizar os judeus de hoje pela morte de Jesus»[65].

O filme de Gibson foi defendido por judeus ilustres, incluindo não apenas o Rabino Spero, como também o Rabino Daniel Lapin, de Seattle; David Klinghoffer, destacado intelectual e ex-editor literário da *National Review*; e Michael Medved, apresentador de rádio. Lapin destacou a histeria de certas organizações judaicas que «esbanjaram tempo e dinheiro» protestando contra *A Paixão de Cristo*, «sob o pretexto de evitar ataques violentos em Pittsburgh». Também apontou «a ira [...] marcadamente seletiva [dos judeus progressistas]. É [...] absurdo que o novo filme *Lutero*, que enaltece um homem que foi certamente um dos antissemitas mais eloquentes da história[66], passe sem maiores problemas pelo crivo dos nossos autointitulados guardiães dos judeus»[67].

Em artigo publicado no *Los Angeles Times*, Klinghoffer se contrapõe aos críticos do filme e, baseando-se no Talmude, defende a historicidade do relato evangélico sobre a crucificação. Medved, por sua vez, defende o filme «das acusações histéricas e destrutivas de antissemitismo». Diz ele:

> A única questão relevante sobre *A Paixão de Cristo* é se a caracterização das últimas horas de Cristo de fato corresponde à interpretação que predomina entre os cristãos, e se está baseada no texto do Evangelho. A aclamação enfática do filme por líderes de todas as denominações cristãs, inclusive pelas maiores lideranças católicas, responde à questão de maneira definitiva[68].

Note-se que Lapin, Klinghoffer e Medved defenderam Pio XII de maneira aberta.

Os judeus religiosos veem cada vez mais os cristãos coerentes como aliados em temas como liberdade de expressão religiosa no ambiente público, importância da fé na vida, apoio ao casamento tradicional, oposição ao aborto e apoio às escolas religiosas. De fato, conforme observa o historiador judeu David Berger, muitos judeus ortodoxos «partilham de um sentimento de comunidade» com protestantes evangélicos e católicos[69].

Outro ponto de contato entre cristãos e judeus é a oposição de ambos ao antissemitismo ressurgente no âmbito do extremismo islâmico e do progressismo antirreligioso.

Enquanto muitos atacam os católicos, falsificam a memória do Papa Pio XII e demonstram um anticatolicismo virulento – que, na formulação de Will Herberg, é o antissemitismo dos intelectuais de hoje –, há uma ameaça real aos judeus e, de fato, à civilização judaico-cristã. Como escreve o Rabino Lapin:

> Neste momento o perigo mais sério a ameaçar os judeus – e talvez toda a civilização ocidental – é o fundamentalismo islâmico. Nessa colossal batalha do século XXI, que liga Washington a Jerusalém, nossos únicos aliados firmes têm sido os cristãos [...]. Os

interesses dos judeus são mais bem atendidos quando cultivamos relações de amizade com [esses] cristãos do que quando as erodimos cinicamente[70].

Também na época de Pio XII, as ameaças fundamentais aos judeus vinham não dos cristãos devotos – que estiveram entre os principais protetores de judeus durante o Holocausto –, mas sim de nazistas anticatólicos, de comunistas ateus e, conforme veremos a seguir, do mufti[71] de Hitler em Jerusalém.

Capítulo 6
O grão-mufti que apoiou Hitler

Um dos efeitos colaterais mais danosos provocados pelo mito do papa de Hitler é que ele perpetua o mito de que a Igreja Católica (e não o extremismo islâmico) foi e continua a ser a principal fonte de antissemitismo no mundo moderno[1].

Historicamente, no entanto, é um fato inegável que é no extremismo islâmico – e não entre os cristãos – que «as vertentes antigas e modernas de antissemitismo se fundiram no presente com mais êxito, e é aí que o ódio contra os judeus encontra seu principal mecanismo de propulsão», conforme Gabriel Schoenfeld observa no recém-lançado *The Return of Anti-Semitism* [«A volta do antissemitismo»][2]. Vários outros estudiosos, intelectuais e líderes comunitários judeus concordam. «O fato», assevera Abraham H. Foxman, da Liga Antidifamação,

> é que o antissemitismo virulento é amplamente difundido ao longo do Oriente Médio árabe. [...] O antissemitismo é tolerado ou abertamente endossado por governos árabes, disseminado pela mídia árabe, ensinado em escolas e universidades [muçulmanas] e pregado em mesquitas. Nenhum segmento da sociedade [muçulmana] está livre dessa mácula[3].

Bernard Lewis, talvez o maior especialista do século XX em história do Islá e do Oriente Médio, afirma que «o antissemitismo clássico é uma parte essencial da vida intelectual árabe no presente momento – quase como na Alemanha nazista e consideravelmente mais do que na França do fim do século XIX, início do século XX»[4].

As raízes do antissemitismo islâmico são profundas e foram reforçadas pela colaboração entre muçulmanos radicais e nazistas durante a Segunda Guerra Mundial. Segundo a persuasiva argumentação de Robert S. Wistrich (da Universidade Hebraica de Jerusalém), uma das maiores autoridades mundiais em história do antissemitismo, o legado antijudaico do nazismo «provou ser especialmente forte» no mundo árabe e islâmico; ali, «o antissemitismo está novamente acumulando uma carga com potencial letal»[5]. Wistrich demonstra a existência, no Oriente Médio árabe, de uma «cultura de ódio [aos judeus] que permeia livros, revistas, jornais, sermões, filmes, sites, programas de televisão e de rádio» – uma cultura «que não se via desde o apogeu da Alemanha nazista»[6].

O antissemitismo islâmico contemporâneo está profundamente arraigado em ensinamentos religiosos e na tradição política do Islá. Desde que essa religião passou a existir, os judeus vêm sendo obrigados a conviver «com o legado da interação histórica entre Maomé e seus correligionários de Medina»[7]. A «raiva que Maomé sentia contra os judeus que se opunham à crescente influência dele», tal como registrada pelo Corão, «foi precedida do triunfo que ele obteve sobre esses mesmos judeus, que se subjugaram à palavra dele»[8]. Conforme sugere Abraham H. Foxman:

> Dali para frente, essa hostilidade e esse triunfalismo deram o tom da postura do Islá com relação aos judeus. Como os judeus eram descendentes daqueles que distorciam as verdades de Deus e se opunham ao profeta, era justo que eles se humilhassem perante os muçulmanos[9].

O antissemitismo islâmico dos dias de hoje remonta, portanto, aos maliciosos ensinamentos antijudaicos do próprio Maomé. «Após ter chegado em Medina, em 622, e ter sido repelido pelos judeus locais», observa Gabriel Schoenfeld, Maomé «obteve êxito em conquistar a cidade, expulsando ou massacrando as tribos judaicas recalcitrantes»[10]. Esse «conflito seminal» entre Maomé e os judeus de Medina lançou «as bases de uma antipatia teológica contínua», e foi sobre essas bases que o Islã construiu «a noção totalmente inflexível de que os judeus são grandes inimigos dos muçulmanos e de Alá»[11]. Em tempos modernos, «o conflito entre Maomé e os judeus tem sido retratado como tema central da carreira do profeta, e a inimizade entre ambos passou a ter um significado cósmico»[12], que tem sido utilizado para legitimar e incentivar a hostilidade e a violência dos muçulmanos contra os judeus.

Nos dias de hoje, publicações e autores muçulmanos de viés antissemita ecoam os ensinamentos de Maomé no Corão (5:82)[13]. Conforme aponta Kenneth R. Timmerman, esse versículo, «à semelhança de outros», «tornou-se agora extremamente popular entre clérigos muçulmanos do mundo todo, de Riad, na Arábia Saudita, a Richardson, no Texas»[14]. O Corão, conforme acertadamente observa um estudioso do Islã, «está eivado de preceitos antijudaicos»[15]. Diz-se, por exemplo, que sobre os judeus «pesa a ira de Deus», já que rejeitaram Maomé como profeta de Deus e não aceitaram a visão que Maomé tinha de uma fé submissa. Os «infiéis dentre os filhos de Israel», de acordo com os ensinamentos de Maomé no Corão, teriam sido supostamente amaldiçoados pelo Rei Davi e, «como punição, foram transformados em macacos e porcos»[16]. Em outras partes do Corão, os judeus são «acusados de falsidade» e condenados «por suas distorções» e por serem «corruptores da Escritura»[17].

Essas e outras acusações, atribuídas a Maomé como resposta à rejeição do Islã pelos judeus, passaram desde então a ser consideradas pelos muçulmanos como palavra de Deus. Por essa razão, formam a base do antissemitismo islâmico até os dias de hoje. Embora originalmente se dirigissem a judeus específicos, de uma época específica, essas afirmações foram compreendidas por sucessivas gerações como uma referência a todos os judeus, de todas as épocas[18].

Nesse sentido, conforme concluem Dennis Prager e Joseph Telushkin, «a reação raivosa de Maomé aos judeus», registrada no Corão, fez com que, «ao longo da história, milhões de muçulmanos tivessem pelos judeus uma antipatia divinamente fundamentada»[19]. De fato, em 2002, as escolas públicas de Los Angeles retiraram uma tradução do Corão das prateleiras das bibliotecas «por causa dos violentos comentários antijudaicos que acompanhavam o texto»[20]. Além disso, em décadas recentes, Yasser Arafat e outros terroristas muçulmanos continuaram a invocar «a antipatia divinamente fundamentada [de Maomé] pelos judeus», contida no Corão e em «violentos comentários antijudaicos que acompanham o texto», para justificar o chamado à *jihad*, ou guerra santa, por meio do qual todo «bom muçulmano» é obrigado a se colocar contra os judeus[21]. Para Arafat e seus companheiros, assim como para o grão-mufti que veio antes dele, «a antipatia divinamente fundamentada [de Maomé] pelos judeus» foi o pretexto mais importante a justificar a contínua guerra terrorista do Islã contra o povo judeu.

Desde a época de Maomé, os judeus têm sido tratados como *dhimmi* – cidadãos de segunda classe – em sociedades muçulmanas, e são obrigados a «se colocar sempre numa posição subserviente em relação aos muçulmanos»[22]. Embora tenham recebido permissão para viver em territórios muçulmanos como *dhimmi*, «minorias toleradas», e frequentemente tenham tido liberdade para praticar a religião judaica, os judeus sempre estiveram «sujeitos à humilhação de serem cidadãos de segunda classe»[23]. Em 897, o califa de Bagdá, Harun al-Rashid, «estabeleceu uma lei segundo a qual os judeus ficavam obrigados a usar um cinto amarelo e um grande chapéu em formato de cone». Conforme apontam Prager e Telushkin, «esse decreto islâmico serviu de modelo para o distintivo amarelo associado à degradação dos judeus na Europa [medieval] e, mais recentemente, aos nazistas»[24]. Os judeus que não utilizavam o cinto amarelo e o chapéu cônico – e que, portanto, não «demonstravam ser suficientemente obsequiosos» para com seus dominadores muçulmanos – corriam o risco de execução[25]. E mesmo no Império Otomano, relativamente tolerante e que acolheu muitos refugiados judeus expulsos da Espanha em 1492, havia leis que «restringiam o número e a localização das sinagogas, que não podiam ser construídas muito perto das mesquitas»[26].

Nos séculos seguintes, houve uma alta na hostilidade e na violência contra os judeus no mundo islâmico. Durante o século XIX, em especial, «os judeus foram periodicamente massacrados no Oriente Médio islâmico». Os muçulmanos atacavam os judeus e os consideravam «bebedores de sangue muçulmano» em Aleppo (1853), em Damasco (1848 e 1890), no Cairo (1844 e 1901-1902) e em Alexandria (1870 e 1881)[27]. Em 864, na ilha tunisiana de Djerba, «gangues árabes pilharam comunidades judaicas, queimaram e saquearam sinagogas e estupraram mulheres»[28]. Em Túnis, em 1869, dezoito judeus foram assassinados por muçulmanos no espaço de alguns meses. Entre 1864 e 1880, conforme documenta Robert S. Wistrich, mais de quinhentos judeus foram assassinados no Marrocos; muitos desses crimes foram cometidos à luz do dia[29]. No início do século XX, levantes organizados contra judeus também ocorreram nas cidades marroquinas de Casablanca e Fez[30]. No caso de Fez, em 18 de abril de 1912, as agitações resultaram na morte de sessenta judeus e no saque ao bairro judaico[31].

Assim, como vários estudiosos recentemente documentaram, existe uma vertente de antissemitismo muçulmano verdadeiramente antiga. Em décadas recentes, conforme sugere Wistrich, as imagens desumanizadas dos judeus e de Israel; o ressurgimento, pela via do Islã, das acusações relacionadas ao libelo de sangue; a ampla divulgação, no mundo islâmico, de teorias da conspiração envolvendo os judeus; o apoio histórico do Islã radical ao nazismo e o aumento do apoio ao Islã radical constituem, entre os árabes radicalizados, uma nova «permissão para o genocídio» contra os judeus[32].

No mundo árabe, a aliança entre o Islã radical e Hitler teve efeitos duradouros. Além disso, há um contraste gritante entre essa aliança e a atuação da Igreja Católica durante a Segunda Guerra Mundial. Para dizê-lo de forma bem clara, enquanto o Papa Pio XII salvava vidas judias, Amin al-Husayni, o grão-mufti de Jerusalém, apoiava a solução final de Hitler.

A serviço de Hitler: Amin al-Husayni, o grão-mufti de Jerusalém

Hoje, sessenta anos depois do Holocausto, a importância histórica e a trajetória bélica do mufti Amin al-Husayni deveria ser mais compreendida e lembrada. O clérigo «mais perigoso» da era moderna, parafraseando John Cornwell, não foi o Papa Pio XII, mas sim Amin al-Husayni, um homem cujo fundamentalismo islâmico antijudaico era tão perigoso durante a Segunda Guerra como hoje. Quando esteve em Berlim, al-Husayni encontrou-se reservadamente com Hitler em várias ocasiões e clamou publicamente – e repetidas vezes – pela destruição do judaísmo na Europa. O grão-mufti foi um colaborador *par excellence* dos nazistas.

Filho de uma família árabe-palestina rica e influente, Amin al--Husayni nasceu em Jerusalém em 1893[33]. Nos anos 1920, enquanto vivia em sua cidade natal, al-Husayni foi reconhecido como líder dos árabes palestinos, então governados pelo Reino Unido, sob autoridade do Mandato Britânico da Palestina[34]. Desde a juventude, al-Husayni era conhecido por seu antissemitismo e sua oposição da imigração de judeus para a Palestina. O ódio que sentia pelo povo judeu (e pelos britânicos) era implacável. Sua carreira como terrorista e agitador antissemita começou em 4 de abril de 1920, quando ele e seus seguidores se lançaram num levante assassino e, «inflamados por diatribes antijudaicas, começaram a atacar transeuntes judeus e a saquear comércios judaicos»[35]. Posteriormente, foi considerado cul-

6. O GRÃO-MUFTI QUE APOIOU HITLER

pado por um tribunal militar britânico de haver incitado a violência antissemita que deixara cinco judeus mortos e outros 211 feridos. No entanto, por causa do *status* de que al-Husayni desfrutava entre os árabes palestinos, os oficiais britânicos desconsideraram esse histórico de incitação e violência antissemita e, em 1922, indicaram-no para o prestigioso cargo de grão-mufti de Jerusalém[36]. Como grão-mufti, ele era, com efeito, o líder religioso e político dos árabes palestinos. Apenas dois meses depois da indicação de al-Husayni, um segundo levante antijudaico eclodiu na Palestina, «instigado pela propaganda política do mufti, que incluía a publicação, em árabe, dos *Protocolos dos sábios de Sião*, uma obra antissemita»[37]. Em 23 de agosto de 1929, al-Husayni liderou um massacre de judeus em Hebron, «onde imigrantes judeus haviam estabelecido uma próspera comunidade sobre o local onde ficava a segunda cidade mais sagrada para os judeus»[38]. Sessenta judeus foram dizimados em Hebron. Alguns dias depois, a tragédia se repetiu em Safad, onde 45 judeus foram assassinados[39]. Em 1936, ainda atuando como grão-mufti, al-Husayni incitou e liderou outro massacre de colonos judeus[40].

Ao longo dos anos 1930, al-Husayni continuou a incentivar a violência contra os judeus da Palestina, ao mesmo tempo em que começava a se abrir para o governo nazista de Adolf Hitler, em Berlim. Durante a Segunda Guerra Mundial, conforme observam corretamente Dennis Prager e Joseph Telushkin, «a maioria dos líderes árabes era pró-nazismo»[41]. A aliança entre Adolf Hitler e o extremismo islâmico foi forjada e posta em movimento pelo grão-mufti desde a aurora do regime nazista. No fim de março de 1933, pouco depois da ascensão de Hitler ao poder, al-Husayni encontrou-se com o cônsul geral em Jerusalém, o Heinrich Wolff, e «ofereceu-lhe seus serviços»[42]. Os objetivos de al-Husayni,

> como ele próprio explicou várias vezes a oficiais alemães, eram amplos. O primeiro era pôr um fim aos assentamentos judeus na Palestina. Além disso, no entanto, al-Husayni tinha planos mais

abrangentes, concebidos menos em termos de pan-arabismo do que nos termos de um pan-islamismo, cujo fim seria uma guerra santa do Islã, em aliança com a Alemanha, contra os judeus do mundo todo, para alcançar a solução final do problema judeu em nível global[43].

Em 1938, depois da fatídica capitulação do primeiro-ministro britânico, Neville Chamberlain[44], perante Hitler em Munique, a abertura de al-Husayni à Alemanha passou a ser recíproca e tornou-se a base de uma aliança. Mesmo no período transcorrido entre 1933 e 1938, no entanto, a influência da ideologia nazista já vinha crescendo significativamente no Oriente Médio árabe.

Vários dos novos partidos políticos árabes fundados nos anos 1930 revelavam traços do modelo nazista[45]. Quando as leis antijudaicas de Nuremberg foram promulgadas, em 1934, telegramas parabenizando o *führer* foram enviados à Alemanha de todas as partes do mundo islâmico, em especial do Marrocos e da Palestina, onde a propaganda alemã fora mais presente. Entre 1933 e 1938, siglas como o Partido Popular da Síria e a Jovem Sociedade Egípcia se espalharam pelo Oriente Médio árabe, com ideologias e programas explicitamente antissemitas. Anton Sa'ada, líder do Partido Socialista Nacionalista, da Síria, comportava-se como uma espécie de *führer* da nação síria[46]. Da mesma forma, o programa da Jovem Sociedade Egípcia incluía «apoio à filosofia nazista, propaganda política perversamente antijudaica e perseguições à comunidade judaica do Egito»[47]. O meio social pró-nazista e a visão de mundo antijudaica encampada por al-Husayni e por seus asseclas dentre os líderes árabes (que viriam a se aliar à Alemanha nazista durante os anos 1930) foram reconstruídos numa obra autobiográfica escrita por um dos líderes do Ba'ath, partido sírio de viés islâmico fundamentalista alinhado com a Alemanha:

> Éramos racistas; admirávamos o nazismo, líamos livros nazistas e conhecíamos as fontes daquele pensamento, em especial

Nietzsche, [...] Fichte e *Os fundamentos do século XIX*, de H. S. Chamberlain, que gira em torno do tema racial. Fomos os primeiros a pensar em traduzir *Mein Kampf*. Todo mundo que vivesse em Damasco nessa época teria compreendido a inclinação do povo árabe ao nazismo, pois o nazismo era uma força que tinha condições de se converter no grande defensor dos árabes, e aquele que é derrotado deve, por natureza, amar o vencedor[48].

Entre 1938 e 1941, al-Husayni explorou essa predisposição emergente do povo árabe para o nazismo na tentativa de dar forma a uma nova aliança entre os partidos islâmicos radicais do Oriente Médio e o regime nazista de Hitler. Durante os anos 1930 e 1940, o ódio que os líderes árabes sentiam contra os judeus e o nacionalismo judeu, e a oposição deles à criação de um Estado judeu na Palestina, eram tão intensos que a maioria desses líderes estava pronta para abraçar o antissemitismo nazista e apoiar uma aliança com a Alemanha nazista em sua guerra contra os judeus. No centro da agenda política dessa nova aliança subjazia desde o início um objetivo tácito de al-Husayni, a saber: o de conter todo o fluxo migratório de judeus europeus para a Palestina e evitar a criação de um Estado judeu. Para al-Husayni, valoroso aliado e propagandista dos nazistas, a Solução Final (da «questão judaica»), tal como advogada por Hitler, era o principal meio de acesso ao objetivo de eliminar o «lar nacional dos judeus» na Palestina. Al-Husayni deu início a uma campanha para estabelecer um pacto entre a Alemanha nazista e a liderança islâmica fundamentalista do mundo árabe[49].

À altura de 1938, o grão-mufti de Jerusalém já havia deslocado sua base operacional para o Líbano. Ele voltou a se deslocar em outubro de 1939, dessa vez para o Iraque, de onde deu continuidade à divulgação da causa nazista. Atuando eloquentemente como propagandista e organizador político do nazismo no Oriente Médio árabe, al-Husayni foi alçado à condição de fiel aliado do Eixo e valoroso apoiador da ideologia antissemita de Hitler. O papel desempenhado por al-Husayni no estabelecimento do regime de Rashid Ali al--Gaylani, que se tornou primeiro-ministro do Iraque em março de 1940 e era um grande alinhado dos alemães, foi muito elogiado pelas lideranças nazistas em Berlim; pouco tempo depois, al-Husayni foi convidado a deslocar sua base operacional para a capital alemã[50]. No mesmíssimo dia em que chegou à Alemanha – 6 de novembro de 1941 –, al-Husayni encontrou-se com Ernst von Weizsacker, ministro das relações exteriores daquele país. Como parte das disposições da aliança nazi-árabe, o grão-mufti propôs que os poderes do Eixo se declarassem «preparados para aprovar a eliminação (*Beseitigung*) do Lar Nacional dos Judeus na Palestina»[51].

Três semanas depois, em 28 de novembro de 1941, al-Husayni encontrou-se com Hitler naquela que foi a primeira de várias reuniões que ele viria a ter com o líder nazista. Conforme argumenta corretamente Kenneth R. Timmerman, «al-Husayni deve seu lugar na história» a essa reunião. «Ele foi ao encontro para convencer Adolf Hitler de que estava inteiramente comprometido com o objetivo nazista de exterminar os judeus, e se ofereceu para arregimentar uma legião árabe capaz de realizar essa tarefa no Oriente Médio»[52]. Essa nova aliança que o mufti forjou ao lado de Hitler marca o início de um «antissemitismo de viés nazista que se constitui como um movimento de massa no mundo árabe»; lamentavelmente, esse antissemitismo continua presente no mundo árabe até os dias de hoje[53].

Desde o início da estada de al-Husayni em Berlim, tornou-se evidente que os nazistas pretendiam colocá-lo na posição de principal porta-voz do nazismo no Oriente Médio. A propaganda nazista o retratava como o líder espiritual e religioso do Islã. Em 8 de janeiro de 1942, a Rádio Berlim informou que o mufti havia enviado um telegrama a Hitler anunciando sua adesão ao Pacto Tripartite contra britânicos, judeus e comunistas[54]. A impressão que se teve foi a de que o mufti era reconhecidamente um líder de todos os árabes, assim como Hitler era o líder de todos os alemães e Mussolini de todos os italianos. Essa impressão foi reforçada por uma foto publicada na primeira página do *Volkischer Beobachter*, o jornal oficial do Partido Nazista, mostrando uma reunião entre al-Husayni e Hitler ocorrida em 21 de novembro de 1942[55].

Convidado de honra em Berlim durante os anos de guerra, al--Husayni também era recebido calorosamente pelos líderes muçulmanos da Alemanha, que o saudavam como «*führer* do mundo árabe»[56]. Ele se referia ao povo judeu como «o inimigo mais mordaz dos muçulmanos» e «um elemento de corrupção constante» no mundo[57]. Por meio de sua amizade com Heinrich Himmler, o mufti (que participou de uma ampla gama de atividades em prol da máquina de guerra nazista) colaborou pessoalmente no funcionamento do aparato burocrático posto a serviço do extermínio de judeus europeus[58]. A partir de 1941, direto de seu escritório, em Berlim, al-Husayni mobilizou apoio político e militar para o regime nazista e organizou redes de espiões alemães por todo o território do Oriente Médio árabe. Durante sua longa estada na Alemanha nazista, al-Husayni abriu caminho para outros líderes árabes pró-nazistas encontrarem refúgio seguro na capital alemã. Conforme nos lembra Bernard Lewis, mesmo o ex-presidente egípcio Anwar Sadat trabalhou como espião dos alemães no Egito, então ocupado pelos britânicos[59].

Também há evidências diretas de que al-Husayni aconselhou e ajudou os nazistas a executarem a Solução Final de Hitler. Em junho de 1944, Dieter Wisliceny, delegado de Adolf Eichmann, disse ao Dr. Rudolf Kastner, líder judeu húngaro e representante do conselho de proteção de Budapeste, que o mufti «havia tido influência sobre a decisão de exterminar os judeus europeus»[60]. A importância do papel desempenhado pelo mufti, insistiu Wisliceny, «não pode ser desprezada. [...] O mufti havia sugerido repetidas vezes às várias autoridades com as quais ele mantinha contato – sobretudo a Hitler, a Ribbentrop e a Himmler – o plano de exterminar os judeus da Europa»[61].

Nos julgamentos de Nuremberg, Wisliceny (que mais tarde viria a ser executado como criminoso de guerra) foi até mais explícito. «O mufti foi um dos que deram início ao extermínio sistemático dos judeus europeus, e atuou como colaborador e conselheiro de Eichmann e Himmler na execução desse plano», testemunhou Wisliceny.

Ele era um dos melhores amigos de Eichmann e constantemente o incitava a acelerar as medidas de extermínio. Eu o ouvi dizer que, em companhia de Eichmann, ele havia visitado secretamente a câmara de gás de Auschwitz[62].

Nessa visita a Auschwitz, al-Husayni supostamente pediu aos guardas responsáveis pelas câmaras que «trabalhassem com mais dedicação»[63].

Em 1943, al-Husayni viajou várias vezes para a Bósnia. Ali, ajudou a recrutar uma divisão bósnio-muçulmana da Waffen SS – a famigerada «Handschar», que assassinaram milhares de civis judeus e sérvios[64]. O mufti enviou outras unidades bósnio-muçulmanas para ajudar a assassinar judeus na Croácia e na Hungria[65]. Heinrich Himmler, chefe da SS, chegou mesmo a estabelecer uma escola militar especial em Dresden para os recrutas bósnio-muçulmanos[66]. Um oficial do exército americano que apreendeu os arquivos mantidos pelo mufti na Berlim da Segunda Guerra «encontrou uma fotografia na qual Himmler e o mufti aparecem erguendo suas respectivas taças de vinho, num brinde amistoso». O próprio Himmler havia escrito uma dedicatória na foto: «Uma recordação a meu bom amigo, Haj Amin al-Husayni»[67].

Ao longo da Segunda Guerra Mundial, al-Husayni apareceu regularmente em transmissões de rádio feitas direto da Alemanha para o Oriente Médio. Em 2 de novembro de 1943, menos de três semanas depois do cerco aos judeus romanos, al-Husayni usou uma rádio alemã para transmitir uma de suas mensagens mais virulentas contra os judeus:

> O egoísmo acachapante que subjaz ao caráter do povo judeu, sua torpe crença de que são a nação escolhida por Deus e sua

alegação de que tudo foi criado para os judeus e de que os outros são animais – [tudo isso os torna] indignos de confiança. Eles não podem se misturar com nenhuma outra nação, pois só vivem feito parasitas entre as nações, sugando o sangue alheio, saqueando a propriedade alheia, corrompendo a moral dos outros povos. [...] A ira divina e a maldição que o Corão menciona com relação aos judeus tem a ver com esse caráter único do povo judeu[68].

Durante a ocupação de Roma pelos nazistas, enquanto Pio XII salvava milhares de judeus da deportação para Auschwitz, abrigando-os nos mosteiros e conventos de Roma, o grão-mufti utilizou a rádio alemã repetidas vezes para pedir a morte e destruição dos judeus europeus. «Matem os judeus onde quer que os encontrem», disse o mufti à crescente audiência da rádio árabe. «Isso é do agrado de Deus, da história e da religião»[69].

Há muita coisa disponível publicamente sobre os esforços de Amin al-Husayni. No livro *The Mufti and the Fuehrer* [«O mufti e o *führer*»], publicado em 1965, Joseph B. Schechtmann assinala que «não é mera coincidência que a destruição física e sistemática dos judeus europeus pelo Terceiro Reich de Hitler tenha tido início por volta da mesma época em que o mufti passou a fazer parte do Eixo»[70]. De fato, dois meses após o primeiro encontro entre Hitler e o mufti, em 28 de novembro de 1941, ocorreu a infame Conferência de Wannsee, durante a qual as lideranças nazistas elaboraram seu plano de extermínio sistemático dos judeus europeus. Mais recentemente, o historiador israelense Zvi Elpeleg concluiu que «é impossível dimensionar as consequências dos esforços de al-Husayni para impedir a saída dos judeus de países ocupados pelos nazistas, da mesma forma que é impossível estimar o número daqueles que tiveram seus resgates frustrados e, consequentemente, pereceram no Holocausto»[71]. Estas conclusões, e a erudição eloquente sobre a qual se baseiam, sugerem que foi al-Husayni quem contribuiu (e de maneira significativa) para possibilitar a execução do Holocausto por parte de Hitler – e não o

Papa Pio XII, como afirmava John Cornwell antes de retirar as acusações que fez em seu livro.

Embora «nenhum líder árabe fosse tão devotamente comprometido com a Alemanha nazista quanto Hajj Amin»[72], grande parte das lideranças árabe-muçulmanas no Oriente Médio partilhava da afinidade que o mufti tinha com relação ao nazismo e foram colaboradores dos alemães na região. De Gamal Abdul Nasser aos líderes do radicalismo islâmico dos dias atuais, passando por Yasser Arafat, o antissemitismo propagado por al-Husayni no Oriente Médio continua vivo e crescente.

Depois da derrota da Alemanha nazista, Amin al-Husayni escapou por pouco de ser julgado como criminoso de guerra. Ele fugiu para o Egito em 1946, e ali recebeu asilo político. Durante os anos 1950, por sua influência, diversos estados e entidades árabes começaram a recrutar antigos oficiais nazistas para altos postos de comando e treinamento, a fim de dar continuidade ao extermínio dos judeus. Entre eles, estavam nomes como Erich Altern, líder da seção de assuntos judaicos da Gestapo, e Willy Berner, oficial da SS no campo de extermínio de Mauthausen[73]. Johann Schüller, outro ex-nazista, foi um dos fornecedores de armas para vários grupos radicais islâmicos.

O extenso legado da literatura islâmica antissemita

O ódio contra os judeus é ventilado no mundo islâmico pela circulação em massa de publicações notoriamente antissemitas, incluindo obras como *Os protocolos dos sábios de Sião* e *Mein Kampf*, a autobiografia perversamente antijudaica de Adolf Hitler. *Os protocolos*, uma infame falsificação criada na época da Rússia czarista, supostamente retrata uma conspiração judaica de escala global «cujo objetivo é governar o mundo por meio da malícia, da fraude e da violência secreta»[74]. Infelizmente, a obra desfruta de grande autoridade acadêmica no mundo árabe. O presidente Egípcio Gamal Abdul Nasser elogiou o livro e recomendou que fosse amplamente lido. Nasser disse certa vez a um jornalista indiano:

> Vou te dar uma cópia do livro em inglês. Ele prova claramente, parafraseando *Os protocolos*, que "trezentos sionistas, que se conhecem uns aos outros, governam o destino do continente europeu e elegem seus sucessores dentre seus conhecidos[75].

O Rei Faisal, da Arábia Saudita, costumava dar cópias d'*Os protocolos* para convidados do regime. Quando ele ofereceu uma cópia (juntamente com uma antologia de escritos antissemitas) a um grupo de jornalistas franceses que acompanhavam o primeiro-ministro Michel Jobert numa visita à Arábia Saudita em janeiro de 1974, oficiais do governo observaram que a obra estava entre as preferidas do rei saudita[76]. Anwar Sadat, Muammar Gaddafi (da Líbia) e Yasser Arafat também endossaram e divulgaram *Os protocolos* com grande entusiasmo[77]. Porta-vozes do governo do Irã, desde a época de Aiatolá Khomeini aos tempos atuais, acolheram os argumentos contidos n'*Os protocolos* e publicaram o livro de maneira fracionada em jornais diários[78]. Hoje, muitas traduções árabes d'*Os protocolos* estão disponíveis, muitas delas publicadas repetidas vezes por editoras do governo egípcio[79].

Centenas de periódicos árabes frequentemente citam ou resumem *Os protocolos*, referindo-se a eles como uma «obra confiável» que versa sobre a «perfídia dos judeus»[80]. O jornal libanês *Al-Anwar* informou que uma edição recente do livro alcançou o topo do ranking de mais vendidos na categoria de não ficção[81]. Conforme aponta o grande historiador do Oriente Médio, Bernard Lewis, *Os protocolos* «continuam um item básico não apenas de propaganda política, mas também de erudição acadêmica» no mundo do islamismo radical[82].

Mein Kampf, de Hitler, era uma das publicações favoritas do grão-mufti e de seus protegidos. Em décadas recentes, a obra vem sendo apreciada por várias pessoas no âmbito do radicalismo islâmico, à semelhança do que ocorre com *Os protocolos*. De fato, se *Os protocolos* podem ser considerados o panfleto antissemita mais popular no mundo árabe, *Mein Kampf* fica em segundo lugar[83]. Raivosa e violentamente antijudaica, a autobiografia de Adolf Hitler vem sendo publicada em árabe desde 1963 e se mantém firme entre os livros mais vendidos em vários países de maioria muçulmana[84]. Depois da Guerra dos Seis Dias, em 1967, soldados israelenses descobriram que muitos prisioneiros egípcios levavam consigo pequenas edições de *Mein Kampf*, traduzidas para o árabe por um oficial do Centro de Informação Árabe no Cairo. O tradutor – como el-Hadj – fora um oficial de destaque no Ministério da Propaganda do Reich; na época do nazismo, chamava-se Luis Heiden[85]. À semelhança de Amin al--Husayni, de quem era amigo, Heiden fugira para o Egito depois da Segunda Guerra Mundial e mudara de nome após se converter para o Islã. Quando foi republicado pela Autoridade Palestina, em 2001, *Mein Kampf* foi imediatamente alçado à condição de *bestseller* em todo o mundo árabe. Enquanto o livro continua a ser lido por um público árabe cativo e numeroso, o filme *A lista de Schindler*, que retrata o sofrimento dos judeus sob domínio nazista, continua banido de alguns países árabes[86].

Por outro lado, ainda é comum que líderes árabes cheguem ao ponto de negar que o Holocausto tenha sequer ocorrido. Desde que foram concebidas, as teorias de negação do Holocausto atraíram apoio generalizado no Oriente Médio muçulmano. O governo da Arábia Saudita, conforme documenta Deborah Lipstadt, pagou pela publicação de vários livros que acusavam os judeus de criar um mito do Holocausto para angariar apoio à fundação do Estado israelense[87]. Uma dessas publicações, chamada *El Istiqlal*, alardeou a tese da negação do Holocausto sob a manchete: «A queima de judeus nas câmaras nazistas é a grande mentira do século XX»[88].

Mesmo Mahmoud Abbas, atual presidente da Autoridade Nacional Palestina, é autor de um livro chamado *O outro lado: a re-*

lação secreta entre o nazismo e o movimento sionista, publicado em 1983. Nele, afirma que os nazistas mataram «apenas algumas centenas de milhares» de judeus, não seis milhões, e que o movimento sionista «foi parceiro no extermínio de judeus» durante o Terceiro Reich[89]. Abbas, considerado um palestino «moderado», por várias vezes se recusou a retirar essas afirmações[90]. Na verdade, pouco depois de ter sido apontado como primeiro-ministro, Abbas reafirmou suas opiniões numa entrevista concedida em 28 de maio de 2003 a jornalistas do diário israelense *Yediot Aharonot*[91]. Conforme documenta Kenneth R. Timmerman, outros líderes palestinos foram pelo mesmo caminho e passaram a abraçar as teses de Abbas. A negação do Holocausto é frequentemente transmitida em caráter oficial por órgãos de mídia da Autoridade Palestina. A tese veio se juntar a tantas outras no rol de calúnias lançadas pelo islamismo radical contra os judeus[92].

Essas atitudes antissemitas não ecoam o posicionamento do Vaticano – e jamais ecoaram. Conforme já vimos, o papado tem uma longa tradição filossemita que remonta pelo menos ao pontificado de Gregório Magno, no século VI. No próximo capítulo, pretendo demonstrar que durante o papado de João Paulo II continuou havendo um nítido contraste entre a postura do Islã e a do catolicismo com relação aos judeus.

Capítulo 7
João Paulo II e a condenação papal do antissemitismo

Em contraste com Amin al-Husayni e sua doutrina de antissemitismo radical muçulmano, o Papa João Paulo II expandiu as tradições filossemitas do papado. Desde que foi eleito papa, em 1978, João Paulo II «dedicou uma enorme quantidade de energia à construção de um novo diálogo entre católicos e judeus»[1], conforme observa George Weigel. Na primeira reunião que teve com representantes da comunidade judaica, em 12 de março de 1979, João Paulo observou que «nossas duas comunidades religiosas estão conectadas e ligadas de maneira muito próxima no nível das nossas respectivas identidades religiosas»[2]. Da perspectiva católica, o diálogo entre judeus e católicos era uma obrigação religiosa.

João Paulo II adotou a prática de se encontrar com representantes das comunidades judaicas durante suas numerosas viagens. Dirigindo-se a representantes da comunidade germano-judaica de Mainz em novembro de 1980, o papa falou sobre «a profundidade e a riqueza da herança que compartilhamos e que nos une em colaboração de mútua confiança»[3]. Imbuído de uma profunda compreensão do judaísmo, ele descreveu a religião como um «legado vivo» que precisa ser compreendido pelos cristãos. Falou também sobre um diálogo entre «as igrejas e o povo da aliança firmada com Moisés»[4]. O papa descreveu os judeus como «o povo de Deus e da Antiga Aliança, que nunca foi revogada por Deus», e enfatizou o «valor permanente» tanto das Escrituras hebraicas quanto da comunidade judaica[5].

Em pronunciamentos posteriores, João Paulo repudiou as terríveis perseguições sofridas pelo povo judeu. Em 1986, em visita à Austrália, ele se referiu à discriminação e à perseguição contra os judeus como atitudes «pecaminosas». O papa também confirmou que, enquanto cristãos e judeus, «temos uma herança espiritual significativa, e podemos compreender melhor certos aspectos da vida na Igreja se levarmos em conta a fé e a vida religiosa do povo judeu»[6].

Conforme já observava Eugene Fisher, a forma como o papa abominava o antissemitismo não era «meramente teórica. João Paulo II viveu sob o nazismo na Polônia e viveu na pele a iniquidade desse mal ancestral que é o ódio contra os judeus»[7]. Na primeira audiência que teve com líderes judeus, o papa reafirmou as resoluções do Concílio Vaticano II sobre o repúdio ao antissemitismo, «que se opõe ao espírito mesmo do cristianismo» e «que poderia, em todo caso, ser condenado com base na simples dignidade da pessoa humana»[8]. João Paulo II frequentemente repetia essa mensagem em encontros com líderes judeus no Vaticano e em vários países ao redor do mundo. Em Auschwitz, numa homilia feita em homenagem aos seis milhões de judeus que pereceram durante o Holocausto, ele conclamou os católicos a recordar «sobretudo a memória do povo cujos filhos e filhas foram marcados para o extermínio completo»[9]. A partir da intensidade de sua experiência pessoal, o papa conseguiu articular o aspecto único da experiência judaica do Shoá sem jamais esquecer a memória de milhões de outras vítimas do nazismo. João Paulo II concordaria sem reservas com a formulação feita por Elie Wiesel: «Nem todas as vítimas do Holocausto foram judeus, mas todos os judeus foram vítimas do Holocausto»[10].

Ao longo de seu pontificado, João Paulo II «condenou o Shoá de maneira persistente, vigorosa e inequívoca»[11]. Num encontro com judeus em Paris em 31 de maio de 1980, o papa fez questão de mencionar o grande sofrimento da comunidade judaica da França «durante os anos sombrios da ocupação». Com relação ao sacrifício dessas pessoas, ele disse: «sabemos que não foi em vão»[12]. Em 1983, falando como polonês e como papa por ocasião do quadragésimo aniversário do levante do Gueto de Varsóvia, o papa descreveu «aquele evento trágico e terrível» como «um grito desesperado pelo direito à vida e à liberdade, e pela salvação da dignidade humana»[13]. Em 1985, ano que marcou o vigésimo aniversário da declaração *Nostra Aetate* sobre a relação da Igreja com as religiões não cristãs, o papa afirmou que «o antissemitismo, em suas manifestações repugnantes e às vezes violentas, deve ser completamente erradicado»[14]. Em 26 de novembro de 1986, dirigindo-se às lideranças da comunidade judaico-australiana reunidas em Sydney, João Paulo II disse que «este ainda é o século do Shoá» e declarou que «nenhuma justificativa teológica jamais poderá explicar os atos de discriminação ou perseguição contra os judeus. De fato, tais atos devem ser considerados pecaminosos»[15]. Talvez a declaração papal mais eloquente no que diz respeito à condenação do Holocausto tenha sido feita numa reunião com líderes judeus em Varsóvia, no dia 14 de junho de 1987. Na ocasião, João Paulo II descreveu o Holocausto como um símbolo universal do mal:

> Meus caros irmãos, é certo que [...] a Igreja polonesa se colocasse em espírito de profunda solidariedade convosco quando vê de perto a terrível consumação do extermínio – o extermínio incondicional – da vossa nação, um extermínio que teve premeditação. A ameaça contra vós também foi uma ameaça contra nós, e se a segunda não foi executada com a mesma intensidade, foi porque não houve tempo. Fostes vós que sofrestes o terrível sacrifício do extermínio: poder-se-ia dizer que também o sofrestes em nome daqueles que detinham o poder purificador do sofrimento. Quanto mais atroz é o sofrimento, maior é a purificação. Quanto mais dolorosa é a experiência, maior é a esperança. [...]

[Por causa] dessa terrível experiência, [...] vós vos tornastes uma voz de alerta para toda a humanidade, para todas as nações, para todos os poderes deste mundo, para todos os sistemas e pessoas. Mais do que qualquer outra pessoa, vós vos tornastes o alerta salvador. Penso que, nesse sentido, vós prosseguis com a vossa vocação particular, mostrando-vos ainda herdeiros daquela escolha honrada por Deus. Eis a vossa missão no mundo contemporâneo, diante de todos os povos, das nações, de toda a humanidade e da Igreja[16].

Nos anos que se seguiram a essa dramática declaração, João Paulo atuou para manter viva a memória do Shoá no centro do catolicismo mundial. Dirigindo-se aos líderes da comunidade judaica de Estrasburgo em 1988, o papa disse: «Reitero diante de vós a condenação mais categórica do antissemitismo», que se «opõe aos princípios do cristianismo»[17]. Por ocasião do quinquagésimo aniversário do Levante do Gueto de Varsóvia, o papa falou sobre o Shoá na Praça São Pedro em 18 de abril de 1993, e o descreveu como «um período noturno da história, com inimagináveis crimes contra Deus e a humanidade»[18].

No ano seguinte, em 7 de abril de 1994, João Paulo II promoveu um concerto em memória do Holocausto na Sala Paulo VI, no Vaticano. A Royal Philharmonic Orchestra foi conduzida por Gilbert Levine, um judeu americano nascido no Brooklyn que fora diretor da Filarmônica de Cracóvia em 1987[19]. Nessa ocasião, o papa sentou-se na plateia ao lado do rabino-chefe de Roma, Elio Toaff (ele próprio sobrevivente do Holocausto), e do presidente da Itália, Oscar Luigi Scalfaro. O Rabino Toaff

compareceu acompanhado de sua congregação, marcando a primeira vez que muitos deles estiveram no Vaticano como convidados, e não como turistas. Duzentos sobreviventes do Holocausto, vindos de doze países diferentes, presenciaram o evento, juntamente com diplomatas do mundo todo[20].

7. JOÃO PAULO II E A CONDENAÇÃO PAPAL DO ANTISSEMITISMO

O concerto, conforme apontam biógrafos de João Paulo, foi um «momento único e sem precedentes» na história da Igreja Católica e da missão pessoal do papa – qual seja, a missão de preservar a memória do Holocausto bem no centro do catolicismo mundial[21]. Além de ter promovido o concerto, o papa também fez preparativos para que se recitasse a tradicional prece dos judeus pelos mortos – o *kadish* – e para que seis velas da menorá fossem acesas em presença dele no Vaticano[22]. Ao fazê-lo, «o papa escolheu honrar publicamente a memória daqueles judeus que morreram em nome da liberdade» durante o Holocausto – de uma maneira que «a Igreja [Católica] jamais tinha feito antes»[23].

Em abril de 1986, João Paulo II tornou-se o primeiro papa a visitar a principal sinagoga de Roma. Nenhum outro pontífice havia pisado naquela sinagoga por mil e novecentos anos, embora João XXIII tenha parado diante dela uma vez (enquanto passava de carro) para abençoar os judeus que saíam do serviço do Sabá[24]. Naquela reunião em que homenageou os judeus mortos no Holocausto, João Paulo II mudou a história[25].

No entanto, esse evento histórico passa completamente despercebido nos livros de críticos progressistas do papado, como Daniel Jonah Goldhagen. Na verdade, *A Moral Reckoning*, a diatribe anticatólica escrita por Goldhagen, acusa João Paulo II de ter sido antissemita. Goldhagen escreve que

> nem João Paulo II nem nenhum outro papa achou por bem fazer […] um pronunciamento público forte e direto sobre a culpabilidade dos católicos, e tampouco conclamou todos os membros da Igreja que pecaram durante o Holocausto a se arrependerem de suas várias ofensas e pecados contra os judeus[26].

Ocorre, no entanto, que, durante a visita à sinagoga de Roma, João Paulo fez um pronunciamento público cujo teor era exatamente esse. Depois de ter sido acolhido pelo Rabino Elio Toaff, o papa respondeu com um discurso eloquente no qual reconhecia publicamente os pecados da Igreja contra os judeus durante o Holocausto e nos séculos que o precederam, além de pedir perdão por todos esses pecados. João Paulo II declarou que a Igreja condena o antissemitismo «vindo de qualquer pessoa – repito, de qualquer pessoa». Ele fez exatamente aquilo que Goldhagen afirma que ele não fez: admitiu em público a «culpabilidade» da Igreja[27]. Além disso, o papa fez várias referências à 13ª reunião do International Catholic-Jewish Liaison Committee, realizada em Praga, que divulgou o chamado ao *teshuvá* (arrependimento) dos cristãos pelo antissemitismo que existiu ao longo dos séculos e classificou o antissemitismo como «um pecado contra Deus e a humanidade»[28].

João Paulo II protagonizou diversos momentos únicos e sem precedentes na história das relações entre católicos e judeus, como a sua visita no Muro das Lamentações, um dos locais mais sagrados do judaísmo. Os judeus rezam ali há quase dois milênios; o muro é tudo o que restou do templo destruído pelos romanos em 70 d.C., por ocasião do saque a Jerusalém. Eis que o bispo de Roma, o sucessor de São Pedro, estava ali para rezar no Muro das Lamentações, como um humilde peregrino reconhecendo a validade total da oração judaica, tal como ela é executada[29]. Para os judeus, o Muro das Lamentações é o remanescente físico central da Israel bíblica, «o referente simbólico central para os judeus como povo e para o judaísmo como tradição de fé que já dura de quatro a cinco mil anos»[30].

Outro momento profundamente emocionante (talvez o grande destaque da visita de João Paulo a Israel) foi o discurso ardoroso e comovente que o papa fez na Sala da Lembrança, no Yad Vashem. Depois de fazer uma prece silenciosa, João Paulo deu ao início ao discurso, dizendo:

> Neste lugar de memórias, a mente, o coração e a alma sentem uma necessidade extrema de silêncio. Silêncio no qual podemos nos lembrar. Silêncio no qual podemos tentar compreender as

memórias que novamente inundam nosso pensamento. Silêncio, porque não há palavras fortes o bastante para repudiar a terrível tragédia do Shoá. Em minhas memórias pessoais, guardo tudo aquilo que aconteceu quando os nazistas ocuparam a Polônia durante a guerra. Lembro-me dos meus amigos e vizinhos judeus; alguns deles pereceram; outros, sobreviveram.

As lembranças, continuou o papa depois de uma breve pausa, devem estar a serviço de uma causa nobre: «Queremos nos lembrar por um motivo: para garantir que o mal não voltará jamais a prevalecer, como ocorreu quando padeceram milhões de vítimas inocentes do nazismo».

Em seguida, ele deu uma declaração que todos os ouvintes receberam como um gesto de arrependimento sincero:

> Como bispo de Roma e sucessor do Apóstolo Pedro, asseguro ao povo judeu que a Igreja Católica, motivada pela lei evangélica de verdade e de amor, e não por considerações de caráter político, se entristece profundamente diante do ódio, de atos de perseguição e de gestos antissemitas dirigidos contra os judeus por cristãos, em qualquer época e qualquer lugar[31].

No fim do discurso do papa, muitos dos israelenses que estavam presentes – sobreviventes do Holocausto, políticos, líderes religiosos e oficiais do exército – choraram. O então primeiro-ministro de Israel, Ehud Barak (ele próprio um ex-general do exército «que não era dado a sentimentalismos»), discursou logo depois e, dirigindo-se ao papa, disse que ele «fez mais do que qualquer outra pessoa para promover uma mudança histórica na postura da Igreja com relação ao povo judeu [...] e para curar as feridas abertas que supuraram amargamente por vários séculos»[32].

O clima amistoso continuou ao longo da visita de João Paulo II. A inédita reunião entre o papa e os dois rabinos-chefes de Israel, ocorrida em Jerusalém, foi, conforme apontou um comentador católico, «um encontro de diálogo, e não de ataque»[33]. Ao tomar a iniciativa de propor essa reunião, o Papa João Paulo II soube «aproveitar a maior oportunidade não apenas de uma geração, mas de todo um milênio»[34].

Enquanto João Paulo se reunia em Jerusalém com dois rabinos-chefes, as ações do xeque Ikrima Sabri, então grão-mufti de Jerusalém, contrastavam notavelmente com as do papa. Numa série de entrevistas, ele «negava o Holocausto e atacava os judeus»[35], chegando a rejeitar publicamente um convite para se reunir com o papa e os dois rabinos-chefes.

Uma voz solitária no deserto: João Paulo II contra o novo antissemitismo muçulmano

Ao longo dos anos 1980, João Paulo II «emitiu declarações contundentes condenando ações de terrorismo contra sinagogas e comunidades judaicas» em Viena e Roma, além de enviar «mensagens nas quais se compadecia das vítimas» dessas ações[36]. O papa condenou, por exemplo, o atentado a bomba cometido em 29 de agosto de 1981 contra uma sinagoga em Viena, Áustria, descrevendo-o como «um ato sanguinário e absurdo, que assola a comunidade judaica na Áustria e em todo o mundo». Além disso, também lançou um alerta contra «uma nova onda do mesmo antissemitismo que provocou tanto pesar ao longo dos séculos»[37]. Em 1985, durante o período em que muçulmanos palestinos sequestraram o cruzeiro italiano *Achille Lauro* e mataram um passageiro judeu, o papa condenou aquilo que chamou de «um grave ato de violência contra pessoas inocentes e indefesas»[38].

João Paulo II sempre condenou o antissemitismo europeu, ainda que outros líderes do continente tenham demonstrado ter menos disposição para assumir uma postura firme.

No ano 2000, houve uma erupção alarmante no número de casos de violência antissemita, e os responsáveis eram quase sempre árabes muçulmanos[39]. Só nos últimos três meses de 2000, a violência direcionada a judeus franceses incluiu 44 atentados a bomba, 43 ataques a sinagogas e 39 ataques a judeus que saíam de seus locais de culto[40]. Entre janeiro e maio de 2001, houve mais de trezentos ataques contra judeus. Sinagogas foram destruídas e ônibus escolares foram apedrejados; até crianças judias sofreram ataques.

Em face da ressurgência desse antissemitismo de viés islâmico, João Paulo II frequentemente pareceu ser uma voz solitária no deserto, constante e inabalável em sua condenação; enquanto isso, outros líderes e intelectuais europeus – políticos, jornalistas e ativistas religiosos de esquerda – escolheram o silêncio. Frequentemente sozinho dentre os líderes europeus, o Papa João Paulo II fez declarações contundentes e condenou atos de terrorismo islâmico contra sinagogas e outros edifícios comunitários e instituições judias na França e em outros países, referindo-se a esses incidentes como não cristãos e dignos de repreensão. Em 3 de abril de 2002, no entanto, o bispo Jean-Pierre Ricard, presidente da Conferência Francesa de Bispos Católicos, emitiu uma condenação categórica do antissemitismo francês. Imbuído do mesmo espírito que animava os vários protestos públicos de João Paulo II contra o antissemitismo, Ricard declarou:

> Há poucos dias, ataques foram cometidos contra várias sinagogas na França – em Lion, Marselha e Estrasburgo. As comunidades judaicas foram atingidas profundamente em seus mais preciosos lugares de culto. Tais atos de violência nos fazem temer pelo pior. [...] Atacar uma comunidade – seja ela qual for – em sua fé e em sua sensibilidade religiosa é um ato particularmente grave, que afeta com toda a força a nossa vida democrática. Ao condenar esses ataques com a maior firmeza possível, a Igreja Católica na França expressa sua profunda compaixão e sua solidariedade para com as comunidades judaicas[41].

Enquanto quase todos os políticos e jornalistas franceses permaneceram em silêncio ou procuraram camuflar essa onda de violência contra sinagogas e outras instituições judaicas na França, os bispos daquele país eram os únicos líderes nacionais – dentre os religiosos e os políticos – a condenar inequivocamente a ressurgência do antissemitismo na França. Conforme aponta Michel Gurfinkiel, a resposta dada pela elite dos políticos franceses a esses e outros incidentes antissemitas que ocorreram diariamente nos anos de 2000 e 2001 foi «mínima ou inexistente»[42]. O mesmo não se pode dizer da resposta do Vaticano, da Conferência dos Bispos Franceses e das lideranças da Igreja na França. Conforme já apontado (em tom de gratidão) por líderes da religião judaica, a resposta dos católicos foi firme e categórica.

Uma apologia do mal: o novo antissemitismo muçulmano e os críticos do papa

Assim como esses antissemitas islâmicos são herdeiros espirituais do grão-mufti de Jerusalém, o Papa João Paulo II é o herdeiro espiritual do Papa Pio XII.

Os críticos progressistas do papa que se apressaram em condenar o suposto antissemitismo de Pio XII e João Paulo II levaram muito mais tempo para condenar a violência e o terrorismo antissemita – estes, sim, reais e muito bem documentados – tanto em Israel como na França. Na verdade, os críticos liberais mal condenaram essas práticas antissemitas. Pode-se pesquisar detalhadamente a extensa produção escrita recente de Goldhagen, Carroll, Wills e Cornwell sem que se encontre nenhuma crítica à violência e ao terrorismo antissemita de viés islâmico.

Os mesmos críticos do papa que prontamente condenaram e vilipendiaram Pio XII por seu suposto silêncio durante o Holocausto têm se mantido totalmente calados no que diz respeito à questão da assustadora ressurgência do antissemitismo que vem dos muçulmanos.

Restabelecendo a verdade

Amin al-Husayni, aliado muçulmano de Hitler durante a guerra, ensinou duas gerações de líderes muçulmanos radicais a admirar o antissemitismo nazista. Os críticos do papa, no entanto, que atuam segundo os parâmetros de uma pauta anticatólica e contra o papado, atacam o Papa Pio XII de maneira falsa e maliciosa, acusando-o de ter sido antissemita e de ter colaborado com os nazistas. Ao fazê-lo, não apenas propagaram um mito pernicioso como também atenuaram a responsabilidade dos muçulmanos fundamentalistas que se aliaram a Hitler durante a Segunda Guerra Mundial, aliança que até hoje traz consequências terríveis.

Conforme observa Philip Jenkins:

Não há dúvida de que o antissemitismo é muito mais prevalecente entre os muçulmanos do que entre os cristãos. O antissemitismo é tão normal e corriqueiro no mundo islâmico de hoje quanto o era na Europa dos anos 1920.

Exemplares dos *Protocolos dos sábios de Sião*, prossegue o autor,

podem ser encontrados tão facilmente no Oriente Médio atual quanto o eram na Europa do período entreguerras. O mesmo ocorre com obras pretensamente eruditas sobre como os judeus supostamente praticam assassinatos rituais. No mundo islâmico, mesmo alguns veículos que supostamente desfrutam de boa reputação vendem a mentira de que o 11 de setembro foi arquitetado por judeus, por meio da Mossad israelense. Além desse ódio verbal, multidões armadas clamam por ações diretas contra os judeus. O slogan: «Mate os judeus!» é lugar comum entre os radicais e muçulmanos do Oriente Médio e também entre os imigrantes árabes em países europeus. [...] Em todos os sentidos, o Islã parece ser tão fundamental e perversamente antijudeu quanto o catolicismo sempre foi acusado de sê-lo[43].

Hoje, sessenta anos depois do Holocausto, é preciso recordar que, ao contrário do que dizem os mitos perpetuados pelos críticos do papado, foram os líderes radicais do Islã e suas redes terroristas (e não o papado moderno e as lideranças contemporâneas da Igreja Católica) que tiveram um papel fundamental na ressurgência e disseminação do novo antissemitismo.

Tanto João Paulo II como Pio XII vieram da tradição filossemita da Igreja Católica e foram amigos fiéis do povo judeu. O mesmo pode ser dito do sucessor de João Paulo II, Bento XVI. Como cardeal Joseph Ratzinger, ele referiu-se ao «dom do Natal» como «uma herança de Abraão»[44] e condenou tanto o antissemitismo cristão quanto o Shoá; este último, conforme notou acertadamente, foi «perpetrado em nome de uma ideologia anticristã que tentava atingir a fé cristã em suas raízes abraâmicas, que se encontram no povo de Israel»[45].

Líderes judeus – incluindo Abraham F. Foxman, diretor da Liga Antidifamação – elogiaram o papa Bento XVI, dizendo que «ele demonstrou ter grande sensibilidade [com relação aos judeus e Holocausto] em várias ocasiões – em reuniões com líderes judeus e em declarações importantes que condenavam o antissemitismo e expressavam profunda tristeza pelo Holocausto»[46]. Segundo o Rabino David Rosen, do American Jewish Committee, a eleição do Cardeal Ratzinger representava uma continuidade na política filossemita de João Paulo II. O rabino também observou que, na época em que atuou como cardeal, o novo papa «apoiou o estabelecimento de relações profundas entre a Santa Sé e o Estado israelense, além de se importar com o bem-estar de Israel»[47]. O rabino Israel Singer, representante do World Jewish Congress, acrescenta que o cardeal Ratzinger fora, de fato, «o arquiteto da política ideológica por meio da qual a Santa Sé reconheceu e manteve relações com Israel»[48].

Em 2005, as coisas são como eram nos anos 1930 e 1940: o papado era e ainda é uma instituição amiga do povo judeu. Aqueles que negam isso negam também a história, e fazem ainda pior: ajudam a disfarçar o verdadeiro mal antissemita dos nossos tempos.

Agradecimentos

A gênese deste livro encontra-se num ensaio que eu escrevi sobre Pio XII e os judeus, e que foi publicado na *Weekly Standard* em 26 de fevereiro de 2001. Tenho uma dívida de gratidão especial para com meu amigo Joseph Bottum, ex-editor da seção de Livros e Arte da *Weekly Standard*. Ele me convidou para escrever o ensaio de 2001 e mais dois outros ensaios relacionados a Pio XII que também saíram pela *Weekly Standard*. Sou grato pelo estímulo constante e pelas várias sugestões construtivas que me deu durante o processo de escrita e revisão desses ensaios, incorporadas ao presente volume. Também tenho uma dívida de gratidão especial para com William Kristol, editor da *Weekly Standard*, pelo estímulo e apoio constante que ele deu ao meu trabalho.

A publicação deste livro me dá uma excelente oportunidade de estender meus agradecimentos a três amigos e colegas que encontraram espaço em suas agendas lotadas para ler e comentar meus ensaios na *Weekly Standard* e também o manuscrito desta obra. Meu bom amigo Robert George, ocupante da cátedra McCormick de Jurisprudência na Universidade Princeton e diretor do James Madison Program in American Ideals and Institutions (também oferecido pela Princeton), leu e comentou todos os meus escritos sobre Pio XII. Graças a ele, tive a oportunidade de passar a temporada acadêmica de 2002-2003 como convidado do James Madison Program na Universidade Princeton; foi ali que comecei a pesquisa e a redação deste livro. Também sou grato ao professor George por seus conselhos, pelo encorajamento que me deu e por nossa amizade que já dura muitos anos. Sou imensamente grato a Michael Novak, estudioso de religião e políticas públicas na cátedra George Frederick Jewett, do American Enterprise Institute (AEI). Novak também leu e incentivou minha pesquisa e meu livro sobre Pio XII, além de ter sido uma ótima fonte de conselhos ao longo dos anos. Nas ocasiões em que almocei com ele no AEI, pude discutir, pensar e refinar criticamente muitas das ideias e argumentos contidos neste livro. Estou em dívida também com William Doino Jr., que compartilhou comigo (por telefone e e-mail) seu conhecimento enciclopédico sobre Pio XII e sobre o papado no século XX. Agradeço-lhe também por ter feito uma leitura crítica de vários dos capítulos presentes neste volume.

Durante as pesquisas e a redação deste livro, pude me beneficiar enormemente dos conselhos e do encorajamento de vários outros amigos e colegas que dedicaram algum tempo para falar comigo sobre conteúdos pertinentes ao assunto deste livro e/ou para ler e comentar partes deste manuscrito. Gostaria de expressar aqui minha gratidão a cada um dos nomes a seguir por terem compartilhado comigo suas ideias e seus insights, ajudando-me a aprimorar este livro: Marshall Breger, Gerard V. Bradley, William F. Buckley Jr., William Donohue, Mary Ann Glendon, Nicholas J. Healy Jr., Russell Hittinger, David Klinghoffer, Rabino Daniel Lapin, Matthew Levering, Roger McCaffrey, Joseph Pearce, Pe. Richard John Neuhaus, Rabino David Novak, John F. Rothmann, Ronald J. Rychlak, Jonathan D. Sarna, Paola Tartakoff, Andrea Tornielli e Robert Louis Wilken.

Também quero expressar minha gratidão para com a Earhart Foundation, a William E. Simon Foudation e o Our Sunday Visitor Institute pelo generoso apoio financeiro que possibilitou a pesquisa e a redação desta obra.

Por fim, agradeço aos meus editores da Regnery Publishing por terem lido e editado meu livro com tanto cuidado e por terem feito várias sugestões valorosas que aprimoraram a obra. Gostaria de agradecer sobretudo ao diretor-executivo da Regnery, Harry Crocker III, por ter confiado neste projeto e por tê-lo incentivado desde o princípio. Os bons conselhos e as várias críticas construtivas de Harry foram fundamentais durante todo o processo. Também tenho uma dívida de gratidão com a editora geral da Regnery, Paula Decker, por seus conselhos e por sua ajuda durante o processo de revisão e edição do livro. Sou grato a Harry e Paula por terem editado meu manuscrito com grande habilidade, e por terem sido sempre tão pacientes e receptivos com relação às dúvidas que eu tive à medida que o livro foi ficando pronto.

Notas

1. O papa de Hitler: origem e importância do mito

[1] No original, *liberal*, termo usado nos Estados Unidos para fazer referência a ideias e costumes que no Brasil costumam ser chamados de «progressistas», tradução que adotamos aqui com mais frequência. Contudo, é importante ter em mente que um *liberal* americano se caracteriza sobretudo por suas opiniões *liberais* com relação à moral: defesa do aborto, da eutanásia, do «casamento» entre pessoas do mesmo sexo, etc. (N. do T.)
[2] Jose M. Sanchez, *Pius XII and the Holocaust: Understanding the Controversy*, Catholic University of America Press, Washington, D.C., 2002, pág. 1.
[3] *Ibidem*.
[4] Joseph Bottum, «Introduction». *The Pius War: Responses to the Critics of Pius XII*, eds. Joseph Bottum e David G. Dalin, Lexington Books, Lanham, 2004, pág. 3. As considerações de Alfred Kazin, Karl Jaspers, Hannah Arendt e outros estudiosos e intelectuais sobre a peça *O vigário* e sobre o debate público que ela ensejou podem ser encontradas em: Eric Bentley, *The Storm Over The Deputy: Essays and Articles about Hochhuth's Explosive Drama*, Grove Press Inc., Nova York, 1964.
[5] Daniel Jonah Goldhagen, *A Moral Reckoning: The Role of the Catholic Church in the Holocaust and Its Unfulfilled Duty of Repair*, Knopf, Nova York, 2002.
[6] É o caso da crítica feita por Fritz Stern, notável historiador da Columbia University, especialista em história moderna da Alemanha: Fritz Stern, «The Goldhagen Controversy». *Foreign Affairs*, novembro/dezembro 1996. Cf. também: Franklin H. Littell, ed., *Hyping the Holocaust: Scholars Answer Goldhagen*, Merion Westfield, Merion Station, 1997; Norman G. Finklestein e Ruth Bettina Birn, *A Nation on Trial: The Goldhagen Thesis and Historical Truth*, Henry Holt, Nova York, 1998; e Richard John Neuhaus, «Daniel Goldhagen's Holocaust». *First Things*, agosto/setembro 1996.
[7] As datas de criação dos guetos europeus, tal como apresentadas por Goldhagen, podem ser encontradas em *A Moral Reckoning*, pág. 36.

8 Citado em: David G. Dalin, «History as Bigotry: Daniel Goldhagen Slanders the Catholic Church». *Weekly Standard*, 10.02.2003, pág. 41.
9 *Ibidem.*
10 Daniel Jonah Goldhagen, «What Would Jesus Have Done?». *New Republic*, 21.01.2002.
11 Michael Berenbaum, «Indicting the Church: A Rush to Judgement». *Forward*, 18.01.2002, pág. 9.
12 John Cornwell, *The Pontiff in Winter: Triumph and Conflict in the Reign of John Paul II*, Doubleday, Nova York, 2004, pág. 193.
13 Eugene J. Fisher, «What Is Known Today: A Brief Review of the Literature». *Pope Pius XII and the Holocaust*, eds. Carol Rittner e John K. Roth, Leicester University Press, Londres, 2002, pág. 77.
14 *Ibidem.*
15 *Ibidem.*
16 Resenha de William D. Rubenstein sobre David Kertzer, *The Popes Against the Jews: The Vatican's Role in the Rise of Modern Anti-Semitism. First Things*, fevereiro 2002, pág. 54-58.
17 Citado em: Philip Jenkins, *The New Anti-Catholicism: The Last Acceptable Prejudice*, Oxford University Press, Nova York, 2003, pág. 198.
18 *Idem*, pág. 201.
19 *Idem*, pág. 202.
20 Garry Wills, *Why I Am a Catholic*, Houghton Mifflin, Boston, 2002, pág. 282.
21 Philip Jenkins, *The New Anti-Catholicism*, pág. 202.
22 Richard Rorty, «Acting Fallible». *New York Times Book Review*, 11.06.2000.
23 Eamon Duffy, *Commonweal*, 14.07.2000, pág. 24-26.
24 William Doino Jr., «Bibliography of Works on Pius XII, the Second World War and the Holocaust». *The Pius War*, eds. Joseph Bottum e David G. Dalin.
25 Fundada em 1913, a Liga Antidifamação [Anti-Defamation League] é uma organização judaica com sede nos Estados Unidos que se dedica à luta contra o antissemitismo no mundo todo. (N. do T.)
26 Citado em: *idem*, pág. 202.
27 Robert M. W. Kempner, na introdução a Jenö Lévai, *Hungarian Jewry and the Papacy: Pius XII Did Not Remain Silent*, Sands, Londres, 1968, pág. ix-x.
28 *Idem*, epílogo.
29 «Jewish Historian Praises Pius XII's Wartime Conduct». *Zenit News Agency*, 26.10.2000; também citado em: William Doino Jr., «Bibliography of Works on Pius XII, the Second World War and the Holocaust», pág. 143.
30 «Jewish Historian Praises Pius XII's Wartime Conduct»; William Doino Jr., «Bibliography of Works on Pius XII, the Second World War and the Holocaust», pág. 144.
31 David G. Dalin, «Pius XII and the Jews». *Weekly Standard*, 26.02.2001, pág. 34.

NOTAS

[32] Citado em: Thomas Craughwell, «Pius XII and the Holocaust». Disponível em: <http://www.catholictradition.org/piusxii>.
[33] William Doino Jr., «Stories of the Righteous: Jews, Catholics and the Holocaust – an Interview with Sir Martin Gilbert». *Inside the Vatican*, agosto 2003, pág. 31.
[34] *Ibidem*.
[35] Homilia inaugural do Papa Bento XVI, 24.04.2005.
[36] Nomeado tradicionalmente pelo governo em países de maioria islâmica, o mufti é uma autoridade jurídica religiosa que emite as *fatwa*, as sentenças legais baseadas na lei corânica. Sobre as diferentes autoridades religiosas do Islã, cf. Samir K. Samir, *111 perguntas sobre o Islã*, Quadrante, São Paulo, 2017. (N. do E.).

2. OS PAPAS QUE DEFENDERAM OS JUDEUS

[1] James Carroll, *Constantine's Sword: The Church and the Jews – A History*, Houghton Mifflin, Boston, 2001, pág. 22.
[2] Citado em: David G. Dalin, «History as Bigotry: Daniel Goldhagen Slanders the Catholic Church». *Weekly Standard*, 10.02.2003, pág. 41.
[3] Israel Abrahams, *Jewish Life in the Middle Ages*, The Jewish Publication Society of America, Philadelphia, 1896, pág. 400.
[4] Thomas F. Madden, «The Church and the Jews in the Middle Ages». *Crisis*, janeiro 2003, pág. 25.
[5] *Idem*, pág. 22.
[6] *Idem*, pág. 25.
[7] David B. Ruderman, «Cecil Roth, Historian of Italian Jewry: A Reassessment». *The Jewish Past Revisited: Reflections on Modern Jewish Historians*, eds. David N. Myers e David B. Ruderman, New Haven, Connecticut, Yale University Press, 1998, pág. 129-130.
[8] David Goldstein, *Jewish Panorama*, Catholic Campaigners for Christ, Boston, 1940, pág. 200.
[9] Sam Waagenaar, *The Pope's Jews*, Open Court Publishers, La Salle, 1974, pág. 71-72.
[10] Elliot Rosenberg, *But Were They Good for the Jews? Over 150 Historical Figures from a Jewish Perspective*, Carol Publishing Group, Secaucus, 1997, pág. 35.
[11] Norman Roth, «Church and Jews». *Medieval Jewish Civilization: An Encyclopedia*, ed. Norman Roth, Routledge, Nova York e Londres, 2003, pág. 165.
[12] James Carroll, *Constantine's Sword*, pág. 269.
[13] Solomon Grayzel, «Papal Bulls». *Encyclopedia Judaica*, vol. 4, Keter Publishing House, Jerusalém, 1971, pág. 1495.

14 James Carroll, *Constantine's Sword*, pág. 270.
15 Bernhard Blumenkranz, «Gregory X». *Encyclopedia Judaica*, vol. 7, Keter Publishing House, Jerusalém, 1971, pág. 920.
16 Paul Johnson, *A History of the Jews*, HarperPerennial, Nova York, 1988, pág. 216. Sobre o tema da Peste Negra e o antissemitismo, cf. Mordechai Breuer, «The "Black Death" and Anti-Semitism». *Anti-Semitism Through the Ages*, ed. Shmuel Almog, Pergamon Press, Oxford, 1988, pág. 139-151.
17 Edward A. Synan, *The Popes and the Jews in the Middle Ages*, Macmillan, Nova York, 1967, pág. 133.
18 James Carroll, *Constantine's Sword*, pág. 339.
19 *Idem*, pág. 132.
20 Sam Waagenaar, *The Pope's Jews*, pág. 114.
21 Nicholas de Lange, «Martin V». *Encyclopedia Judaica*, vol. 11, Keter Publishing House, Jerusalém, 1971, pág. 1063-1064.
22 Edward A. Synan, *The Popes and the Jews in the Middle Ages*, pág. 136.
23 Nicholas de Lange, «Martin V». *Encyclopedia Judaica*, vol. 11, pág. 1064.
24 Sam Waagenaar, *The Pope's Jews*, pág. 108
25 *Ibidem*.
26 Cecil Roth, *The History of the Jews of Italy*, The Jewish Publication Society of America, Filadélfia, 1946, pág. 158.
27 *Idem*, pág. 160.
28 *Ibidem*.
29 Cecil Roth, «Popes». *Encyclopedia Judaica*, vol. 13, Keter Publishing House, Jerusalém, 1971, pág. 855.
30 Cecil Roth, *The Jews in the Renaissance*, The Jewish Publication Society of America, Filadélfia, 1977, pág. 215; Ariel Toaff, «Elijah ben Shabbetai Be'er». *Encyclopedia Judaica*, vol. 6, Keter Publishing House, Jerusalém, 1971, pág. 649.
31 Cecil Roth, *The Jews in the Renaissance*, pág. 213-214.
32 Richard P. McBrien, *Lives of the Popes: The Pontiffs from St. Peter to John Paul II*, HarperCollins, São Francisco, 1997, pág. 264.
33 Cecil Roth, *The Jews in the Renaissance*, pág. 151.
34 *Ibidem*.
35 Sam Waagenaar, *The Pope's Jews*, pág. 104.
36 *Idem*, pág. 232.
37 Edward A. Synan, *The Popes and the Jews in the Middle Ages*, pág. 146-147.
38 Elliot Rosenberg, *But Were They Good for the Jews?*, pág. 68.
39 Cecil Roth, *A Short History of the Jewish People*, The East and West Library of the Horovitz Publishing Co., Londres, 1969, pág. 263.
40 Cecil Roth, «Popes». *Encyclopedia Judaica*, vol. 13, pág. 856.
41 Sam Waagenaar, *The Pope's Jews*, pág. 134.
42 Cecil Roth, «Popes». *Encyclopedia Judaica*, vol. 13, pág. 856.
43 Sam Waagenaar, *The Pope's Jews*, pág. 147.

44 *Ibidem.*
45 Shmuel Ettinger, «David Reuveni». *Encyclopedia Judaica*, vol. 14, Keter Publishing House, Jerusalém, 1971, pág. 114.
46 Sam Waagenaar, *The Pope's Jews*, pág. 148; Raphael Loewe, «Egidio Da Viterbo». *Encyclopedia Judaica*, vol. 6, Keter Publishing House, Jerusalém, 1971, pág. 475.
47 Sam Waagenaar, *The Pope's Jews*, pág. 149.
48 Cecil Roth, *The Jews in the Renaissance*, pág. 218.
49 *Ibidem.*
50 Renato Spiegel, «Sarfati». *Encyclopedia Judaica*, vol. 14, Keter Publishing House, Jerusalém, 1971, pág. 878-879; Cecil Roth, *The Jews in the Renaissance*, pág. 218.
51 Cecil Roth, *The Jews in the Renaissance*, pág. 40.
52 *Idem*, pág. 158.
53 *Idem*, pág. 22-23.
54 Sam Waagenaar, *The Pope's Jews*, pág. 104.
55 Paul Johnson, *A History of the Jews*, pág. 243.
56 Léon Poliakov, *The History of Anti-Semitism: From the Time of Christ to the Court Jews*, trad. Richard Howard, The Vanguard Press, Inc., Nova York, 1965, pág. 57-60.
57 Edward H. Flannery, *The Anguish of the Jews: Twenty-Three Centuries of Anti-Semitism*, Macmillan, Nova York, 1965, pág. 120.
58 *Idem*, pág. 120-121.
59 *Idem*, pág. 121.
60 Marc Saperstein, *Moments of Crisis in Jewish-Christian Relations*, Trinity Press International, Filadélfia, 1989, pág. 21.
61 Cecil Roth, *A Short History of the Jewish People*, pág. 190.
62 Edward A. Synan, *The Popes and the Jews in the Middle Ages*, pág. 114.
63 Marc Saperstein, *Moments of Crisis in Jewish-Christian Relations*, pág. 21.
64 Edward A. Synan, *The Popes and the Jews in the Middle Ages*, pág. 114.
65 *Ibidem.*
66 Marc Saperstein, *Moments of Crisis in Jewish-Christian Relations*, pág. 21.
67 Citado em: Cecil Roth, ed., *The Ritual Murder Libel and the Jews: The Report by Cardinal Lorenzo Ganganelli (Pope Clement XIV)*, Woburn Press, Londres, 1935, pág. 21-22.
68 *Idem*, pág. 22.
69 *Idem*, pág. 22-23.
70 *Idem*, pág. 23.
71 *Idem*, pág. 26.
72 *Idem*, pág. 26, 29; Richard P. McBrien, *Lives of the Popes*, pág. 325.
73 Cecil Roth, ed., *The Ritual Murder Libel and the Jews*, pág. 26.
74 Léon Poliakov, *The History of Anti-Semitism*, pág. 272.
75 Richard P. McBrien, *Lives of the Popes*, pág. 348.

[76] Citado em: David G. Dalin, «Popes and Jews: Truths and Falsehoods in the History of Catholic-Jewish Relations». *Weekly Standard*, 05.11.2001, pág. 36-38.
[77] David I. Kertzer, *The Popes Against the Jews: The Vatican's Role in the Rise of Modern Anti-Semitism*, Knopf, Nova York, 2001, pág. 222.
[78] *Idem*, pág. 224; Andrew M. Canepa, «Pius X and the Jews: A Reappraisal». *Church History*, n. 61, 1992.
[79] Andrew M. Canepa, «Pius X and the Jews: A Reappraisal».
[80] David I. Kertzer, *The Popes Against the Jews*, pág. 224.
[81] Andrew M. Canepa, «Pius X and the Jews: A Reappraisal».
[82] *Ibidem*.
[83] Sergio I. Minerbi, *The Vatican and Zionism: Conflict in the Holy Land, 1895--1925*, Oxford University Press, Nova York, 1990, pág. 101.
[84] Theodore Herzl, *Diaries*, trad. Marvin Lowenthal, Dial Press, Nova York, 1956, pág. 427-430.
[85] David I. Kertzer, *The Popes Against the Jews*, pág. 240-241.
[86] Pinchas E. Lapide, *Three Popes and the Jews*, Hawthorn Books, Inc., Nova York, 1967, pág. 84.
[87] *Idem*, págs. 83-84.
[88] Florian Sokolow, «Nahum Sokolow and Pope Benedict XV». *Jewish Chronicle*, 25.11.1949.
[89] Richard P. McBrien, *Lives of the Popes*, pág. 358.
[90] Lord William Clonmore, *Pope Pius XI and World Peace*, E. P. Dutton & Co., Londres, 1938, pág. 54.
[91] *Ibidem*.
[92] Sam Waagenaar, *The Pope's Jews*, pág. 457.
[93] Pinchas E. Lapide, *Three Popes and the Jews*, pág. 91-92. Cf. *Acta Apostolica Sedis*, vol. XX, 1928, pág. 103.
[94] Ewa Kozerska, «Pius XI and German Anti-Semitism». *Jews in Silesia*, eds. Marcin Wodzinski e Janosf Spyra, University of Wroclaw Research Centre for the Culture and Languages of Polish Jews, Cracóvia, 2001, pág. 194.
[95] *Idem*, pág. 98.
[96] Citado em: «Pius XI Considered Hitler an Antichrist». *Zenit News Agency*, 06.03.2001.
[97] «Pope Assails Fascism». *National Jewish Monthly*, fevereiro 1939, pág. 207.
[98] Carta Encíclica *Mit brennender Sorge*, 14.03.1937, n. 19.
[99] *Idem*, n. 27.
[100] Michael Phayer, *The Catholic Church and the Holocaust, 1930-1965*, Indiana University Press, Bloomington, 2000, pág. 2.
[101] *Ibidem*.
[102] Garry Wills, *Papal Sin: Structures of Deceit*, Image, Nova York, 2001, pág. 29.
[103] David I. Kertzer, *The Popes Against the Jews*, pág. 280.
[104] Isto é, o Holocausto. O termo «Shoá» vem do hebraico e significa «a catástrofe». (N. do T.)

[105] *Ibidem.*
[106] Michael Phayer, *The Catholic Church and the Holocaust, 1930-1965*, pág. 2-3.
[107] Pinchas E. Lapide, *Three Popes and the Jews*, pág. 114.
[108] *Idem*, pág. 114-115.
[109] A encíclica secreta de Pio XI é discutida em: Georges Passelecq e Bernard Suchecky, *The Hidden Encyclical of Pius XI*, Harcourt Brace, Nova York, 1997; Garry Wills, *Papal Sin*, pág. 29-33.
[110] Henri de Lubac, *Christian Resistance to Anti-Semitism*, Ignatius Press, São Francisco, 1990, pág. 32-33.
[111] Pinchas E. Lapide, *Three Popes and the Jews*, pág. 115-116.
[112] *Idem*, 116.
[113] «Pope Assails Fascism». *National Jewish Monthly*, fevereiro 1939, pág. 207.

3. O FUTURO PAPA

[1] Alden Hatch e Seamus Walshe, *Crown of Glory: The Life of Pope Pius XII*, Hawthorn Books, Inc., Nova York, 1957, pág. 24.
[2] Ronald J. Rychlak, *Hitler, the War, and the Pope*, Our Sunday Visitor, Huntington, 2000, pág. 5.
[3] John Cornwell, *Hitler's Pope: The Secret History of Pius XII*, Penguin, Nova York, 2000, pág. 13.
[4] Alden Hatch e Seamus Walshe, *Crown of Glory*, pág. 24-25.
[5] Susan Zuccotti, *The Italians and the Holocaust: Persecution, Rescue, and Survival*, Basic Books, Nova York, 1987, pág. 16.
[6] Andrew Canepa, «Christian-Jewish Relations in Italy from Unification to Fascism». *The Italian Refuge: Rescue of Jews During the Holocaust*, eds. Ivo Herzer, Llaus Voigt e James Burgwyn, The Catholic University of America Press, Washington, D.C., 1989, pág. 14.
[7] Sam Waagenaar, *The Pope's Jews*, pág. 276.
[8] *Ibidem.*
[9] *Idem*, pág. 4.
[10] Fundado em 1457 pelo Cardeal Domenico Capranica, é o mais antigo dos colégios romanos para a formação de sacerdotes. (N. do T.)
[11] Jose M. Sanchez, *Pius XII and the Holocaust: Understanding the Controversy*, The Catholic University of America Press, Washington, D.C., 2002, pág. 14.
[12] A Sagrada Congregação para Assuntos Eclesiásticos Extraordinários foi criada em 1814 pelo Papa Pio VII e, embora tenha passado por reformas, sempre esteve relacionada com questões diplomáticas. Em 1967, o Papa Paulo VI mudou-lhe o nome para Conselho dos Assuntos Públicos da Igreja e a integrou na Secretaria de Estado da Santa Sé. Em 1988, o Papa João Paulo II reformou a Cúria Romana e dividiu a Secretaria de Estado em duas seções: a Seção dos

Assuntos Gerais e a Seção das Relações com os Estados, que absorveu o Conselho dos Assuntos Públicos da Igreja. (N. do T.)

[13] Jose M. Sanchez, *Pius XII and the Holocaust*, pág. 14.
[14] Ralph McInerny, *The Defamation of Pius XII*, St. Augustine's Press, South Bend, 2001, pág. 8.
[15] John Cornwell, *Hitler's Pope*, pág. 31-32.
[16] Oscar Halecki e James F. Murray Jr., *Pius XII: Eugenio Pacelli, Pope of Peace*, Farrar, Straus and Young, Inc., Nova York, 1954, pág. 23.
[17] Ronald J. Rychlak, *Hitler, the War, and the Pope*, pág. 5.
[18] Cornwell traz uma discussão detalhada sobre o contexto da Concordata Sérvia, e uma análise altamente crítica (e não isenta) do papel exercido por Pacelli na negociação. Cf. John Cornwell, *Hitler's Pope*, pág. 48-57.
[19] Jose M. Sanchez, *Pius XII and the Holocaust*, pág. 15.
[20] Pierre Birnbaum e Ira Katznelson, eds., *Paths of Emancipation*, pág. 227.
[21] Susan Zuccotti, *The Italians and the Holocaust*, pág. 15-16.
[22] *Idem*, 16-17.
[23] Pierre Birnbaum e Ira Katznelson, eds., *Paths of Emancipation*, pág. 227.
[24] Michael E. Feldkamp, «A Future Pope in Germany: How Eugenio Pacelli Became "il Papa tedesco"». Trabalho não publicado, apresentado na Millersville University Conference on Pius XII and the Holocaust, 15.04.2002, pág. 2.
[25] *Idem*, pág. 15.
[26] Ronald J. Rychlak, *Hitler, the War, and the Pope*, pág. 6.
[27] *Ibidem*.
[28] Jose M. Sanchez, *Pius XII and the Holocaust*, pág. 15.
[29] Bruno Walter, *Theme and Variations: An Autobiography*, Knopf, Nova York, 1966, pág. 221.
[30] Howard M. Sachar, *Dreamland: Europeans and Jews in the Aftermath of the Great War*, Knopf, Nova York, 2002, pág. 220.
[31] *Idem*, p. 248-249.
[32] *Idem*, p. 251.
[33] Harry Kessler, *Walter Rathenau: His Life and Work*, Oxford University Press, Nova York, 1944, pág. 362.
[34] Howard M. Sachar, *Dreamland*, pág. 252.
[35] Ronald J. Rychlak, «Goldhagen v. Pius XII». *First Things*, junho/julho 2002, pág. 42.
[36] *Ibidem*.
[37] Sobre a carreira de Eugene Levine como revolucionário, político socialista e jornalista, cf. «Eugene Levine». *Encyclopedia Judaica*, vol. 11, Keter Publishing House, Jerusalém, 1971, pág. 113-114.
[38] Ronald J. Rychlak, «Goldhagen v. Pius XII», pág. 42.
[39] John Cornwell, *Hitler's Pope*, pág. 74-75.
[40] *Idem*, pág. 75.
[41] Ronald J. Rychlak, «Goldhagen v. Pius XII», pág. 42.

42 Ronald J. Rychlak, *Hitler, the War, and the Pope*, pág. 299.
43 Ronald J. Rychlak, «Goldhagen v. Pius XII», pág. 43.
44 Cf. por exemplo: «Kurt Eisner». *Encyclopedia Judaica*, vol. 6, Keter Publishing House, Jerusalém, 1971, pág. 556-557; «Eugene Levine». *Encyclopedia Judaica*, vol. 11, pág. 113-114; e Samuel Hugo Bergman, «Gustav Landauer». *Encyclopedia Judaica*, vol. 10, pág. 1399-1401.
45 *Ibidem*.
46 Ronald J. Rychlak, *Hitler, the War, and the Pope*, pág. 299.
47 A vida e a carreira do médico Fernando Mendes são discutidas em: Harry Friedenwald, *The Jews and Medicine*, vol. 2, The Johns Hopkins University Press, Baltimore, 1944, pág. 497-502; e Vivian D. Lipman, «Fernando Mendes». *Encyclopedia Judaica*, vol. 11, Keter Publishing House, Jerusalém, 1971, pág. 1342-1343.
48 Às vezes chamada de Liceo Quirino Visconti Gymnasium, a instituição ficava no Collegio Romano, local onde antigamente ficava a renomada universidade jesuíta de Roma. Cf. John Cornwell, *Hitler's Pope*, pág. 17.
49 Mark Segal, «Ramat Gan Physician Recalls Schooldays with Pius XII». *Jerusalem Post*, 10.10.1958.
50 *Ibidem*.
51 John Cornwell, *Hitler's Pope*, pág. 16-17.
52 *Idem*, pág. 16.
53 *Idem*, pág. 27.
54 *Ibidem*.
55 *Idem*, pág. 28.
56 Ronald J. Rychlak, *Hitler, the War, and the Pope*, pág. 288.
57 Para uma análise do envolvimento de Pacelli na condenação do antissemitismo feita pelo Vaticano em 1916 (incluindo o texto do pronunciamento), cf. Ronald J. Rychlak, *Hitler, the War, and the Pope*, pág. 299-300 e as notas de rodapé 141-142 da pág. 439.
58 *Ibidem*.
59 Abraham A. Neuman, *Cyrus Adler: A Biographical Sketch*, The American Jewish Committee and the Jewish Publication Society of America, Nova York e Filadélfia, 1942, pág. 143.
60 Ronald J. Rychlak, «Goldhagen v. Pius XII», pág. 43.
61 O papel de Cyrus Adler na vida pública do judaísmo americano é discutido em: David G. Dalin, «Cyrus Adler». *Jewish-American History and Culture: An Encyclopedia*, eds. Jack Fischel e Sanford Pinsker, Garland Publishing, Inc., Nova York, 1992, pág. 13-14; e também em: David G. Dalin, Ira Robinson e Jonathan D. Sarna, «The Role of Cyrus Adler in American Jewish History». *American Jewish History*, março 1989, pág. 351-394.
62 Cyrus Adler, *I Have Considered the Days*, The Jewish Publication Society of America, Filadélfia, 1941, pág. 319.
63 *Ibidem*.

[64] Em inglês, o apelido *«The Flying Cardinal»* faz referência a uma ave bastante comum no território norte-americano. (N. do T.)
[65] John Cornwell, *Hitler's Pope*, pág. 177.
[66] Oscar Halecki e James F. Murray Jr., *Pius XII*, pág. 156.
[67] Thomas Maier, *The Kennedys: America's Emerald Kings*, Basic Books, Nova York, 2003, pág. 102.
[68] *Idem*, pág. 103.
[69] *Idem*, pág. 106.
[70] John Cornwell, *Hitler's Pope*, pág. 177.
[71] Citado em: Thomas Maier, *The Kennedys*, pág. 109.
[72] *Ibidem*.
[73] Indicação de Myron C. Taylor como representante pessoal do presidente Roosevelt junto ao Papa Pio XII. *Foreign Relations of the United States, Diplomatic Papers*, 1939, vol. II: General, The British Commonwealth and Europe, United States Government Printing Office, Washington, D.C., 1956, pág. 869.
[74] As concordatas são acordos internacionais que o Vaticano firma com outros Estados, geralmente com o intuito de proteger os interesses ou a integridade física dos católicos. (N. do T.)
[75] Essa concordata é discutida e analisada em detalhe em: William Roberts, «Napoleon, the Concordat of 1801 and Its Consequences». *Controversial Concordats: The Vatican's Relations with Napoleon, Mussolini and Hitler*, ed. Frank J. Coppa, The Catholic University of America Press, Washington, D.C., 1999, pág. 34-80.
[76] Eamon Duffy, *Saints and Sinners: A History of the Popes*, Yale University Press, New Haven, 1997, pág. 214-215.
[77] Stewart A. Stehlin, «The *Reichskonkordat* of 1933». Trabalho apresentado na Millersville University Conference on Pope Pius XII and the Holocaust, 15.04.2002, pág. 5.
[78] *Idem*, pág. 2. Tanto os Tratados de Latrão de 1929, celebrados com a Itália, quanto a *Reichskonkordat* de 1933 são discutidos em detalhe em: Frank J. Coppa, ed., *Controversial Concordats*, pág. 193-214.
[79] Jose M. Sanchez, *Pius XII and the Holocaust*, pág. 87.
[80] *Idem*, pág. 82.
[81] Ronald J. Rychlak, *Hitler, the War, and the Pope*, pág. 295.
[82] James Carroll, *Constantine's Sword*, pág. 499.
[83] Cf. por exemplo os registros compilados por Jose Sanchez, da Universidade de St. Louis; Heinz Hurten, Ludwig Volk e Konrad Repgen (todos alemães); e Stewart Stehlin, da Universidade de Nova York. Todos eles se baseiam em estudos cuidadosos, e não no sensacionalismo midiático que inspira obras como *Hitler's Pope, Papal Sin* etc.
[84] Citado em: Jose M. Sanchez, *Pius XII and the Holocaust*, pág. 86.
[85] Relato de Ivone Kirkpatrick (Vaticano) a Sir R. Vansittart, 19.08.1933. *Documents on British Foreign Policy, 1919-1939*, n. 342, série II, vol. V, Londres, 1956, pág. 524-525.

86 Ronald J. Rychlak, *Hitler, the War, and the Pope*, pág. 329.
87 Relato de Ivone Kirkpatrick (Vaticano) a Sir R. Vansittart, 19.08.1933.
88 John Conway, «The Vatican, Germany and the Holocaust». *Papal Diplomacy in the Modern Age*, eds. Kent e J. F. Pollard, Praeger, Westport, 1994, pág. 106--107.
89 Jose M. Sanchez, *Pius XII and the Holocaust*, pág. 88.
90 Acordo celebrado entre Hitler e alguns dos principais líderes europeus na cidade de Munique em 1938. Resultou na tomada, por parte da Alemanha, de territórios da Checoslováquia, país que ficou de fora da reunião em Munique. O primeiro-ministro inglês, Neville Chamberlain, foi um dos principais articuladores do acordo. (N. do T.)
91 Philip Jenkins, *The New Anti-Catholicism: The Last Acceptable Prejudice*, Oxford University Press, Nova York, 2003, pág. 198.
92 *Ibidem*.
93 Ronald J. Rychlak, *Hitler, the War, and the Pope*, pág. 285.
94 «1923 Letter Shows the Future Pius XII Opposed to Hitler». *Zenit News Agency*, 05.03.2003. Uma tradução em inglês da carta enviada por Pacelli em 14 de novembro de 1923 pode ser encontrada em: «Pacelli Denounces the Nazis». *Inside the Vatican*, março 2003, pág. 30-31.
95 «New Proofs of Pius XII's Efforts to Assist Jews: 1933 Letter Targets "Anti-Semitic Excesses" in Germany». *Zenit News Agency*, Cidade do Vaticano, 17.02.2003.
96 *Ibidem*.
97 Robert Leiber, «*Mit brennender Sorge*: Marz 1937-Marz 1962», *Stimmen der Zeit* (o jornal *Voices of the Times*, publicado na Alemanha), março 1962, pág. 420.
98 «New Proofs of Pius XII's Efforts to Assist Jews: 1933 Letter Targets "Anti-Semitic Excesses" in Germany», 17.02.2003.
99 Joseph L. Lichten, «A Question of Judgment: Pius XII and the Jews». *Pius XII and the Holocaust: A Reader*, Catholic League for Religious and Civil Rights, Milwaukee, 1988, pág. 107.
100 *Ibidem*.
101 David G. Dalin, «Pius XII and the Jews». *Weekly Standard*, 26.02.2001, pág. 34.
102 *Ibidem*.
103 *Idem*, pág. 35.
104 *Ibidem*.
105 *Ibidem*.
106 A reunião de três horas entre Klieforth e Pacelli e as opiniões antinazistas deste último são descritas num relatório entregue ao Departamento de Estado por Klieforth em 1939. Em 2003, o relatório foi doado para a Harvard University (juntamente com uma série de outros documentos) por Jay Pierrepont Moffat, que foi diretor de assuntos europeus no Departamento de Estado. O

relatório de Klieforth é discutido em: Frances D'Emilio, «Researcher: Wartime pope's anti-Nazi stand was strong in "private" contacts». *Associated Press*, 21.08.2003; Laurie Goodstein, «New Look at Pius XII's Views of Nazis». *New York Times*, 31.08.2003.
[107] *Ibidem.*
[108] *Ibidem.*
[109] *Ibidem.*
[110] *Ibidem.*
[111] *Ibidem.*
[112] Pinchas E. Lapide, *Three Popes and the Jews*, pág. 118; Ronald J. Rychlak, «Comments on Susan Zuccotti's *Under His Very Windows*». *Journal of Modern Italian Studies*, vol. 7, n. 2, verão 2002.
[113] Jacques Maritain, «The Pagan Empire and the Power of God». *Virginia Quarterly Review*, 1939, pág. 161, 167.

4. UM JUSTO ENTRE AS NAÇÕES: O PAPA PIO XII E O HOLOCAUSTO

[1] Ralph McInerny, *The Defamation of Pius XII*, St. Augustine's Press, South Bend, 2001, pág. 38.
[2] Ronald J. Rychlak, *Hitler, the War, and the Pope*, pág. 106.
[3] Michael O'Carroll, *Pius XII: Greatness Dishonoured*, Laetare Press, Dublin, 1980, pág. 48.
[4] Richard P. McBrien, *Lives of the Popes*, pág. 342.
[5] Ronald J. Rychlak, *Hitler, the War, and the Pope*, pág. 108.
[6] *Ibidem.*
[7] Michael O'Carroll, *Pius XII*, pág. 47.
[8] *Idem*, pág. 24.
[9] *Ibidem.*
[10] Richard P. McBrien, *Lives of the Popes*, pág. 343.
[11] Citado em: Ronald J. Rychlak, *Hitler, the War, and the Pope*, pág. 110.
[12] *Ibidem.*
[13] Meir Michaelis, «Fascist Policy Toward Italian Jews: Tolerance and Persecution». *The Italian Refuge: Rescue of Jews During the Holocaust*, eds. Ivo Herzer, Klaus Voigt e James Burgwyn, The Catholic University of America Press, Washington, D.C., 1989, pág. 53.
[14] Cecil Roth, *The History of the Jews of Italy*, The Jewish Publication Society of America, Filadélfia, 1946, pág. 528.
[15] Susan Zuccotti, *The Italians and the Holocaust*, pág. 18.
[16] Cecil Roth, *The History of the Jews of Italy*, pág. 527.
[17] Edward D. Kleinlerer, «The Pope's Jewish Scholars». *B'nai B'rith National Jewish Monthly*, maio 1940, pág. 269.

[18] *Ibidem.*
[19] *Ibidem.*
[20] Ralph McInerny, *The Defamation of Pius XII*, pág. 44, 47.
[21] Edward D. Kleinlerer, «The Pope's Jewish Scholars», pág. 269.
[22] *Ibidem.*
[23] *Ibidem.*
[24] *Ibidem.*
[25] Joseph L. Lichten, «A Question of Judgment: Pius XII and the Jews». *The Star and the Cross: Essays on Jewish-Christian Relations*, ed. Katherine T. Hargrove, Bruce Publishing Company, Milwaukee, 1966, pág. 201.
[26] Mark Segal, «Ramat Gan Physician Recalls Schooldays with Pius XII». *Jerusalem Post*, 10.10.1958.
[27] Joseph L. Lichten, «A Question of Judgment: Pius XII and the Jews», pág. 201-202.
[28] Ronald J. Rychlak, «Comments on Susan Zuccotti's *Under His Very Windows*», pág. 227.
[29] *Ibidem.*
[30] David G. Dalin, «Pius XII and the Jews», pág. 34.
[31] Margherita Marchione, *Consensus and Controversy: Defending Pope Pius XII*, Paulist Press, Mah-wah, 2002, pág. 48.
[32] David G. Dalin, «Pius XII and the Jews», pág. 34,
[33] *Ibidem.*
[34] *Idem*, pág. 35.
[35] *Idem*, pág. 35-36.
[36] *Ibidem.*
[37] Ronald J. Rychlak, *Hitler, the War, and the Pope*, pág. 166.
[38] Anthony Rhodes, *The Vatican in the Age of the Dictators, 1922-1945*, Holt, Rinehart and Winston, Nova York, 1973, pág. 272-273; a análise do Ministério das Relações Exteriores da Alemanha também é citada em: Owen Chadwick, *Britain and the Vatican during the Second World War*, Cambridge University Press, Cambridge, 1986, pág. 219.
[39] Eamon Duffy, *Saints and Sinners: A History of the Popes*, Yale University Press, New Haven, 1997, pág. 264.
[40] Ronald J. Rychlak, *Hitler, the War, and the Pope*, pág. 264.
[41] Richard P. McBrien, *Lives of the Popes*, pág. 332.
[42] *Idem*, pág. 345.
[43] Ronald J. Rychlak, *Hitler, the War, and the Pope*, pág. 265.
[44] David G. Dalin, «Pius XII and the Jews», pág. 36.
[45] Anthony Rhodes, *The Vatican in the Age of the Dictators, 1922-1945*, pág. 342.
[46] Pinchas E. Lapide, *Three Popes and the Jews*, pág. 230.
[47] Anthony Rhodes, *The Vatican in the Age of the Dictators, 1922-1945*, pág. 342-343.
[48] *Ibidem.*

49 *Idem*, pág. 266.
50 David G. Dalin, «Pius XII and the Jews», pág. 37.
51 Pinchas E. Lapide, *Three Popes and the Jews*, pág. 202.
52 David G. Dalin, «Pius XII and the Jews», pág. 37.
53 Robert Royal, *The Catholic Martyrs of the Twentieth Century: A Comprehensive World History*, Crossroad Publishing Company, Nova York, 2000, pág. 194.
54 Cf. Susan Zuccotti, *The Italians and the Holocaust: Persecution, Rescue, and Survival*, Basic Books, Nova York, 1987, pág. 133.
55 Ronald J. Rychlak, «Goldhagen v. Pius XII», pág. 43.
56 Susan Zuccotti, «Pius XII and the Holocaust: The Case in Italy». *The Italian Refuge*, eds. Ivo Herzer, Klaus Voigt e James Burgwyn, pág. 254.
57 Michael Tagliacozzo. «La Comunità di Roma Sotto l'Incubo della Svastica: Le Grande Razzia del 16 Ottobre 1943». *Gli Ebrei in Italia durante il fascismo: Quaderni del Centro di Documentazione Ebraica Contemporanea*, III, novembro 1963, pág. 8-37; e Michael Tagliacozzo, «Ebrei rifugiati nelle zone extraterritoriali del Vaticano». Preparado para o historiador israelense Meir Michaelis, 16.06.1975.
58 Meir Michaelis, *Mussolini and the Jews: German-Italian Relations and the Jewish Question in Italy, 1922-1945*, The Clarendon Press, Oxford, 1978, pág. 365.
59 «Jewish Historian Praises Pius XII's Wartime Conduct». *Zenit News Agency*, 26.10.2000.
60 *Ibidem*.
61 Ronald J. Rychlak, «Goldhagen v. Pius XII», pág. 43.
62 *Idem*, pág. 44.
63 Ronald J. Rychlak, «Comments on Susan Zuccotti's *Under His Very Windows*», pág. 222.
64 *Ibidem*.
65 Susan Zuccotti, *Under His Very Windows: The Vatican and the Holocaust in Italy*, Yale University Press, New Haven, 2000, pág. 202.
66 *Ibidem*.
67 *Ibidem*.
68 *Idem*, pág. 204.
69 *Idem*, pág. 205.
70 Ronald J. Rychlak, «A Righteous Gentile Defends Pius XII». *Zenit News Agency*, 05.10.2002.
71 Em seu livro de memórias – *But for the Grace of God* (Delacorte, Nova York, 1965), Carroll-Abbing descreve os protestos do papa contra a captura de judeus pelos nazistas e os extensos esforços de resgate empreendidos pelo Pontífice. Além disso, o autor também documenta as ordens diretas dadas por Pio XII a seus subordinados para que abrigassem e protegessem os judeus (pág. 55-56). Em seu livro anterior, *A Chance to Live: The Story of the Lost Children of the War* (Longmans, Green, Londres, 1952), Carroll-Abbing já havia re-

gistrado seus próprios esforços de auxílio às vítimas da guerra (tanto judeus quanto católicos), e dera vários exemplos das intervenções diretas do papa (pág. 77-86).

[72] *Inside the Vatican*, agosto/setembro 2001, pág. 10-11.
[73] *Ibidem*.
[74] Harvey Rosenfeld, *Raoul Wallenberg, Angel of Rescue: Heroism and Torment in the Gulag*, Prometheus Books, Buffalo, 1982, pág. 74.
[75] *Idem*, pág. 75-76.
[76] O termo designa o deslocamento de prisioneiros judeus de um campo de concentração a outro. As marchas eram feitas sob condições climáticas extremas, e muitas vítimas acabavam perecendo pelo caminho. (N. do T.)
[77] *Idem*, pág. 76.
[78] *Idem*, pág. 78.
[79] *Idem*, pág. 76.
[80] Ronald J. Rychlak, «A Righteous Gentile Defends Pius XII».
[81] *Ibidem*.
[82] *Ibidem*.
[83] *Ibidem*.
[84] Harvey Rosenfeld, *Raoul Wallenberg, Angel of Rescue*, pág. 81.
[85] Ronald J. Rychlak, «A Righteous Gentile Defends Pius XII».
[86] *Ibidem*.
[87] *Ibidem*.
[88] *Ibidem*.
[89] *Résistance chrétienne à l'antisémitisme* [«Resistência cristã ao antissemitismo»], Fayard, Paris, 1988. Edição americana: *Christian Resistance to Anti-Semitism*, Ignatius Press, São Francisco, 1990.
[90] Martin Gilbert, *The Righteous: The Unsung Heroes of the Holocaust*, Henry Holt and Company, Nova York, 2003, pág. 389.
[91] Michael Burleigh, «"Hitler's Pope" Tried to Rescue Jews, Say Documents». *Sunday Telegraph*, 16.02.2003.
[92] *Ibidem*.
[93] *Ibidem*.
[94] *Ibidem*.
[95] Mordecai Paldiel, *The Path of the Righteous: Gentile Rescuers of Jews During the Holocaust*, KTAV Publishing House, Inc., Hoboken, 1993, pág. 56.
[96] *Idem*, pág. 57.
[97] *Ibidem*.
[98] *Idem*, pág. 58.
[99] William Doino Jr., entrevista com Mons. John Patrick Carroll-Abbing, *Inside the Vatican*, agosto/setembro 2001, pág. 10-11.
[100] Susan Zuccotti, *The Italians and the Holocaust*, pág. 210.
[101] Fernande Leboucher, *The Incredible Mission of Father Benoît*, William Kimber, Londres, 1969, pág. 167-8.

[102] George Weigel, *Witness to Hope: The Biography of Pope John Paul II*, HarperCollins, Nova York, 1999, pág. 484.
[103] «Castel Gandolfo Celebrates 400 Years as Papal Residence». *Catholic World News*, 31.12.1996.
[104] Alden Hatch and Seamus Walshe, *Crown of Glory: The Life of Pope Pius XII*, Hawthorn Books, Inc., Nova York, 1957, pág. 188.
[105] David G. Dalin, «Pius XII and the Jews», pág. 36.
[106] Pinchas E. Lapide, *Three Popes and the Jews*, pág. 149.
[107] Citado em: Pinchas E. Lapide, *Three Popes and the Jews*.
[108] Raul Hilberg, *The Destruction of the European Jews*, Quadrangle Books, Chicago, 1961, pág. 548.
[109] Christian Feldman, *Pope John XXIII*, The Crossroad Publishing Company, Nova York, 2000, pág. 61.
[110] Peter Hebblethwaite, *Pope John XXIII: Shepherd of the Modern World*, Doubleday & Co., Garden City, 1985, pág. 193.
[111] *Ibidem*.
[112] «Ao presidente do Conselho dos Judeus Romenos, em Bucareste», escreve um oficial do Ministério das Relações Exteriores da Romênia, «tenho a honra de enviar em anexo [...] a contribuição do papa – que foi transmitida ao encarregado do primeiro-ministro por sua excelência, o núncio papal, com seus sentimentos de afeto pela ajuda aos judeus da Transnístria». Cf. Pinchas E. Lapide, *Three Popes and the Jews*, pág. 167.
[113] «The Vatican's Endeavours on Behalf of Roumanian Jewry during World War II» [«Os esforços do Vaticano em prol dos judeus romenos durante a Segunda Guerra Mundial»]. *Yad Vashem Studies*, volume 5 (1963).
[114] Carta de Isaac Herzog ao Mons. Angelo Roncalli, 28.02.1944. Citado em: Peter Hebblethwaite, *Pope John XXIII*, pág. 193.
[115] Lawrence Elliott, *I Will Be Called John: A Biography of Pope John XXIII*, Reader's Digest Press/E. Dutton & Co., Inc., Nova York, 1973, pág. 164.
[116] *Ibidem*.
[117] Joseph L. Lichten, «A Question of Judgment: Pius XII and the Jews», pág. 130.
[118] Pinchas E. Lapide, *Three Popes and the Jews*, pág. 181.
[119] Saul Friedlander, *Pius XII and the Third Reich*, Knopf, Nova York, 1966, pág. 206.
[120] Lawrence Elliott, *I Will Be Called John*, pág. 164.
[121] Pinchas E. Lapide, *Three Popes and the Jews*, pág. 152-153.
[122] *Idem*, pág. 153.
[123] Joseph L. Lichten, «A Question of Judgment: Pius XII and the Jews», pág. 108.
[124] Pinchas E. Lapide, *Three Popes and the Jews*, pág. 139.
[125] *Idem*, pág. 141.
[126] *Ibidem*.

NOTAS

[127] Mons. Jozef Tiso (1887-1947), figura controversa ainda nos dias de hoje, assumiu o cargo de presidente em outubro de 1939, contrariando a vontade da Santa Sé. Sobre esse tema, cf. Secretaria de Estado da Santa Sé, *Actes et documents du Saint Siège relatifs à la Seconde Guerre Mondiale*, volume 4 (1967), pág. 115, e volume 6 (1972), págs. 408-9. (N. do E.)

[128] *Idem*, pág. 147.

[129] Joseph L. Lichten, «A Question of Judgment: Pius XII and the Jews», pág. 110.

[130] Léon Poliakov, «The Vatican and the Jewish Question». *Commentary*, novembro 1950.

[131] *Time*, 23.12.1940, págs. 38-40.

[132] Minha discussão e minhas citações sobre os vários tributos ao Papa Pio XII, feitos por líderes judeus que elogiaram o pontífice por ele ter oferecido assistência aos judeus durante o Holocausto, baseiam-se no meu artigo: «Pius XII and the Jews», pág. 38-39; em Pinchas E. Lapide, *Three Popes and the Jews*, pág. 224-228; e em Dimitri Cavalli, «The Good Samaritan: Jewish Praise for Pope Pius XII». *Inside the Vatican*, outubro 2000, pág. 72-77.

[133] Citado em: David G. Dalin, «Pius XII and the Jews», pág. 38.

[134] Dimitri Cavalli, «The Good Samaritan: Jewish Praise for Pope Pius XII», pág. 75.

[135] Margherita Marchione, *Consensus and Controversy*, pág. 50.

[136] *Idem*, pág. 131.

[137] Pinchas E. Lapide, *Three Popes and the Jews*, pág. 226.

[138] Citado em: Dimitri Cavalli, «The Good Samaritan: Jewish Praise for Pope Pius XII», pág. 75-76.

[139] Pinchas E. Lapide, *Three Popes and the Jews*, pág. 226.

[140] *Idem*, pág. 225.

[141] *Idem*, pág. 133.

[142] Citado em: Dimitri Cavalli, «The Good Samaritan: Jewish Praise for Pope Pius XII», pág. 75-76.

[143] Três dias depois, conforme observa o *Jerusalem Post* num artigo de primeira página sobre o concerto da Orquestra Filarmônica de Israel no Vaticano, o condutor «Paul Klecki pediu que a orquestra tocasse para o papa na primeira visita do grupo à Itália, como um gesto de gratidão pelo auxílio que a Igreja deu a todos aqueles que foram perseguidos pelo nazifascismo» (*Jerusalem Post*, 29.05.1955). Reportagens sobre o concerto da Orquestra Filarmônica de Israel em homenagem a Pio XII no Vaticano também foram veiculadas no jornal do próprio Vaticano, *L'Osservatore Romano*, no dia 27 de maio de 1955, bem como no jornal católico *Tablet*, de Londres, nas edições de 11 e 30 de junho de 1955.

[144] As alegações infundadas de alguns dos críticos de Pio XII – segundo os quais o concerto de 26 de maio de 1955 teria sido realizado no Vaticano com a intenção de homenagear o povo italiano, e não o papa – é categoricamente refutada pela declaração do condutor da orquestra, Paul Klecki, tal como descrita na nota anterior.

145 Citado em: Margherita Marchione, *Consensus and Controversy*, pág. 117.
146 Pinchas E. Lapide, *Three Popes and the Jews*, pág. 228.
147 Dimitri Cavalli, «The Good Samaritan: Jewish Praise for Pope Pius XII», pág. 76.
148 Pinchas E. Lapide, *Three Popes and the Jews*, pág. 228.
149 *Idem*, pág. 229.
150 Susan Zuccotti, *Under His Very Windows*, pág. 259-263.
151 *Idem*, 303-304.
152 *Ibidem*.
153 John S. Conway, «Records and Documents of the Holy See Relating to the Second World War». *Yad Vashem Studies*, vol. 15, 1983, pág. 327-345.
154 *Ibidem*.
155 Martin Gilbert, *Never Again: A History of the Holocaust*, Universe Publishing, Nova York, 2000, pág. 104.
156 Martin Gilbert, *The Righteous*, pág. xv.
157 Mordecai Paldiel, *Saving the Jews: Amazing Stories of Men and Women Who Defied the Final Solution*, Schreiber Publishing, Rockville, 2000, pág. 28.
158 *Ibidem*.
159 *Idem*, pág. 29; Emmy E. Werner, *A Conspiracy of Decency: The Rescue of Danish Jews During World War II*, Westview Press, Cambridge, 2002, pág. 167.
160 Martin Gilbert, *Never Again*, pág. 104.
161 Martin Gilbert, *The Righteous*, pág. xvi.
162 Lisa Davidson, porta-voz do Yad Vashem, citado em um obituário do cardeal Palazzini escrito pela Associated Press e publicado no *Toronto Globe and Mail*, 16.10.2000. O obituário, por sua vez, é citado em: Martin Gilbert, *The Righteous*, pág. 365.
163 Citado em: Susan Zuccotti, *Under His Very Windows*, pág. 301; Pinchas E. Lapide, *Three Popes and the Jews*, pág. 228.
164 Pinchas E. Lapide, *Three Popes and the Jews*; Robert A. Graham, S.J., «Relations of Pius XII and the Catholic Community with Jewish Organizations». *The Italian Refuge: Rescue of Jews During the Holocaust*, eds. Ivo Herzer, Klaus Voigt e James Burgwyn, pág. 231.
165 Citado em: Pinchas E. Lapide, *Three Popes and the Jews*, pág. 131-132.
166 Citado em: Ronald J. Rychlak, *Hitler, the War, and the Pope*, pág. 217; Margherita Marchione, *Consensus and Controversy*, pág. 76.

5. A MÍDIA PROGRESSISTA E AS GUERRAS CULTURAIS

1 James Carroll, «The Saint and the Holocaust». *New Yorker*, 07.06.1999, pág. 52-57.
2 Daniel Jonah Goldhagen, *A Moral Reckoning*, pág. 197.
3 Philip Jenkins, *The New Anti-Catholicism*, pág. 201.

NOTAS 213

[4] Daniel Jonah Goldhagen, «Hide and Seek: Questions for the Vatican». *New Republic*, 31.01.2005, pág. 13.
[5] Daniel Jonah Goldhagen, «The Unsaintly Acts of Pius XII». *Jewish Forward*, 07.02.2005, pág. 7.
[6] Philip Jenkins, *The New Anti-Catholicism*, pág. 193.
[7] *Ibidem*.
[8] Daniel Jonah Goldhagen, «Hide and Seek: Questions for the Vatican», pág. 13.
[9] Minha discussão sobre essa alegação – e sobre a controvérsia pública que ela ensejou – baseia-se primariamente na abrangente análise encontrada em: William Doino Jr., «Another Anti-Papal Hoax». *Inside the Vatican*, janeiro/fevereiro 2005, pág. 8-11; e Ronald J. Rychlak, «Postwar Catholics, Jewish Children and a Rush to Judgment: Pius XII Never Told Catholic Groups to Keep "Hidden" Jewish Children from Their Families after World War II», 19.01.2005. Disponível em: <http://www.beliefnet.com>.
[10] William Doino Jr., «Another Anti-Papal Hoax».
[11] Uma crítica à credibilidade desse artigo do *New York Times* e das alegações anti-Pio que ele contém pode ser encontrada em: P. Thierry, «*New York Times* Wrong: Pius XII Saved Jews», 27.01.2005.
[12] Edgardo Mortara (1851-1940) nasceu no seio de uma família judia de Bolonha, então parte dos Estados Pontifícios. Quando ainda bebê, foi batizado secretamente por uma criada católica que, quase seis anos depois, revelou o fato para as autoridades. Os pais de Edgardo negaram-se a educá-lo na fé católica, como obrigava a lei civil dos Estados Pontifícios na época. Assim, o menino foi tirado de sua família e enviado à Roma, para ser educado na fé. O próprio papa, então o Bem-aventurado Pio IX, declarou-se pai adotivo da criança e acompanhou sua educação. A questão atraiu diversas críticas à Igreja e, alguns historiadores acreditam, ajudou a precipitar o fim dos Estados Pontifícios. Edgardo, por sua vez, sempre demonstrou afeto para com o papa, tendo acrescentado «Pio» a seu nome quando decidiu entrar para o seminário, aos treze anos. Ordenado sacerdote, pregou por toda a Europa e esteve muitas vezes com os familiares. Sobre o chamado «Caso Mortara», cf. Juan Domínguez, «Pío IX, el Papa de un cambio de época». *Aceprensa*, 30.08.2000. (N. do E.)
[13] Ronald J. Rychlak, «Postwar Catholics, Jewish Children and a Rush to Judgment».
[14] William Doino Jr., «Another Anti-Papal Hoax».
[15] O Rabino Herzog é citado em Ronald J. Rychlak, «Postwar Catholics, Jewish Children and a Rush to Judgment».
[16] A reportagem do *Palestine Post* sobre a reunião entre Herzog e o papa é discutida em: Pinchas E. Lapide, *Three Popes and the Jews*, pág. 210.
[17] *Ibidem*.
[18] «French Nazi hunter deflates Jewish war children row». *Haaretz*, 20.01.2005.
[19] *Ibidem*.

[20] William Doino Jr., «Another Anti-Papal Hoax».
[21] Ronald J. Rychlak, «Postwar Catholics, Jewish Children and a Rush to Judgment».
[22] *Ibidem.*
[23] Andrea Tornielli e Matteo L. Napolitano, *Il Papa che salvò gli Ebrei*, Piemme, Itália, 2004.
[24] Andrea Tornielli, «Ecco il vero documento su Pio XII e i bimbi Ebrei». *Il Giornale*, 11.01.2005.
[25] P. Thierry, «*New York Times* Wrong: Pius XII Saved Jews».
[26] *Ibidem.*
[27] Matteo L. Napolitano, «The Hasty Scoop of Professor Melloni». *Il Giornale*, 11.01.2005.
[28] Daniel Jonah Goldhagen, «The Unsaintly Acts of Pius XII».
[29] *Ibidem*; também citado em: Donald J. Rychlak, «Postwar Catholics, Jewish Children and a Rush to Judgment».
[30] Daniel Jonah Goldhagen, «The Unsaintly Acts of Pius XII».
[31] *Ibidem.*
[32] Daniel Jonah Goldhagen, «Hide and Seek: Questions for the Vatican».
[33] «Newspaper Publishes Pope Pius XII Account». *AP News Services*, 15.01.2005.
[34] William Donohue, «Hitler's Plot to Kidnap Pope Leaves Some Mute». News release, Catholic League for Religious and Civil Rights, 18.01.2005.
[35] *Ibidem.*
[36] «Newspaper Publishes Pope Pius XII Account». *AP News Services*, 15.01.2005.
[37] John Cornwell, *The Pontiff in Winter*, pág. 193.
[38] Cf. A. O. Scott, «An Inventor Trapped in Nazi Evil». *New York Times*, 24.01.2003; Rex Reed, «The Pope, the Führer, A Secret Shame». *New York Observer*, 10.02.2003; Annette Insdorf, «Extreme Close-up: The Shoah as the Subject of a Lifetime». *Forward*, 03.01.2003; and Tom Tugend, «Silent Witnesses: Costa-Gravas's "Amen" brings to light the story of those who, during the Holocaust, saw all but said nothing». *Jewish Journal of Greater Los Angeles*, 31.01.2003.
[39] *Ibidem.*
[40] Jean-Marie Lustiger, arcebispo de Paris, é citado em: Paul Webster, «New shocker from the man who invented death-row chic: the Christian Swastika». *Observer*, Paris, 17.02.2002.
[41] *Ibidem.*
[42] Philip Jenkins, *The New Anti-Catholicism*, pág. 160.
[43] O papel desempenhado por Gerstein no desenvolvimento do gás venenoso letal utilizado para assassinar judeus nos campos de extermínio nazistas é mencionado nos seguintes artigos sobre o filme *Amen*, de Costa-Gavras: Rex Reed, «The Pope, The Führer, A Secret Shame»; A. James Rudin, «Probing the Holocaust and World War II With Film». *Commentary*, 31.01.2003; Annette Insdorf, «Extreme Close-up»; e Tom Tugend, «Silent Witnesses».

44 Ronald J. Rychlak, «The Church and the Holocaust». *Wall Street Journal Europe*, 28.03.2002.
45 *Ibidem*.
46 *Ibidem*.
47 *Ibidem*.
48 Disponível em: <http://www.holocaust-education.de/news/stories/storyReader$1243>.
49 Bettijane Levine, «Scholars Express Concern Over Gibson's "Passion"». *Los Angeles Times*, 27.04.2003, citado em: David Limbaugh, *Persecution: How Liberals Are Waging War Against Christianity*, Regnery, Washington, D.C., 2003, pág. 289.
50 James Carroll, «The True Horror of the Death of Jesus». *Boston Globe*, 15.04.2003.
51 James Carroll, «An Obscene Portrayal of Christ's Passion». *Boston Globe*, 24.02.2004.
52 James Carroll, «Mel Gibson's Passion». *Tikkun*, março/abril 2004.
53 Philip Jenkins, *The New Anti-Catholicism*, pág. 187.
54 *Ibidem*.
55 O Seminário de Jesus foi um grupo de pesquisa, muito ativo nas décadas de 1980 e 1990, composto por exegetas e biblistas seculares para avaliar «criticamente» os textos do Novo Testamento e obras apócrifas contemporâneas. O objetivo era traçar um retrato verídico do chamado «Jesus histórico». Desprezando quase que totalmente a interpretação tradicional dos textos, os participantes decidiam a historicidade dos feitos relatados nos textos por votação. Não poucas das conclusões tiradas a partir dessa metodologia – controversa, para dizer o mínimo – revelaram-se absurdas e foram alvos de duras críticas por parte de estudiosos, cristãos ou não. John Dominic Crossan (1934), o participante mencionado no texto, é um teólogo irlandês que se dedica desde 1969, quando abandonou o sacerdócio, à pesquisa acadêmica sobre o «Jesus histórico». (N. do T.)
56 *Idem*, pág. 188.
57 *Idem*, pág. 188-189.
58 James Carroll, «Mel Gibson's Passion».
59 Garry Wills, «God in the Hands of Angry Sinners». *New York Review of Books*, 08.04.2004, pág. 68-74.
60 Daniel Jonah Goldhagen, «Mel Gibson's Cross of Vengeance». *Forward*, 05.03.2004, pág. 9.
61 *Ibidem*.
62 Michael Medved, *Right Turns: Unconventional Lessons from a Controversial Life*, Crown Forum, Nova York, 2004, pág. 405.
63 Aryeh Spero, «American Christians Don't Threaten Jews». *Wall Street Journal*, 05.04.2004.
64 Michael Medved, *Right Turns*, pág. 405-406.

[65] Citado em: Michael Medved, *Right Turns*, pág. 406
[66] Sobre a opinião de Lutero sobre os judeus, cf. Peter Blank, *Lutero e seu tempo*, Quadrante, São Paulo, 2018, pág. 141 e segs. (N. do E.)
[67] Rabino Daniel Lapin, «Protesting Passion: What happened to "artistic freedom"?». *National Review Online*, 26.09.2003.
[68] Michael Medved, «Misguided Critics Fall Into The "Passion" Pit», 17.03.2004.
[69] David Berger, «Jews, Christians and *The Passion*». *Commentary*, 01.05.2004, pág. 25.
[70] Rabino Daniel Lapin, «Protesting Passion: What happened to "artistic freedom"?».
[71] Nomeado tradicionalmente pelo governo em países de maioria islâmica, o mufti é uma autoridade jurídica religiosa que emite as *fatwa* – sentenças legais vinculadas à *sharia*. Sobre as diferentes autoridades religiosas do Islã, cf. Samir K. Samir, *111 perguntas sobre o Islã*, Quadrante, São Paulo, 2017. (N. do E.)

6. O GRÃO-MUFTI QUE APOIOU HITLER

[1] A edição original, de 2005, trazia neste e no capítulo seguinte algumas informações que, atualmente, tornaram-se controversas por falta de confirmações sólidas. Esta edição fez as adaptações necessárias. (N. do E.)
[2] Gabriel Schoenfeld, *The Return of Anti-Semitism*, Encounter Books, São Francisco, 2004, pág. 6.
[3] Abraham H. Foxman, *Never Again? The Threat of the New Anti-Semitism*, HarperCollins, Nova York, 2003, pág. 195.
[4] Bernard Lewis, *Semites and Anti-Semites: An Inquiry into Conflict and Prejudice*, W. W. Norton, Nova York, 1999, pág. 256; citado em: Gabriel Schoenfeld, *The Return of Anti-Semitism*, pág. 24.
[5] Robert S. Wistrich, «The Old-New Anti-Semitism». *Those Who Forget the Past: The Question of Anti-Semitism*, ed. Ron Rosenbaum, Random House, Nova York, 2004, pág. 71.
[6] *Idem*, pág. 71-72.
[7] Abraham H. Foxman, *Never Again?*, pág. 196.
[8] *Idem*, pág. 196-197.
[9] *Idem*, pág. 197.
[10] Gabriel Schoenfeld, *The Return of Anti-Semitism*, pág. 32.
[11] *Ibidem*.
[12] Bernard Lewis, *Semites and Anti-Semites*, pág. 128.
[13] «Em verdade, encontrarás – dentre os homens – que os judeus e os idólatras são os mais violentos inimigos dos crentes». (N. do E.)
[14] Kenneth R. Timmerman, *Preachers of Hate: Islam and the War on America*, Three Rivers Press, Nova York, 2004, pág. 81.

[15] Jane S. Gerber, «Anti-Semitism in the Muslim World». *History and Hate: Dimensions of Anti-Semitism*, ed. David Berger, The Jewish Publication Society of America, Filadélfia, 1986, pág. 78.
[16] Kenneth R. Timmerman, *Preachers of Hate*, pág. 81.
[17] Jane S. Gerber, «Anti-Semitism in the Muslim World», pág. 78
[18] Dennis Prager e Joseph Telushkin, *Why The Jews?*, pág. 114.
[19] *Ibidem*.
[20] Philip Jenkins, *The New Anti-Catholicism*, pág. 191.
[21] Kenneth R. Timmerman, *Preachers of Hate*, pág. 196.
[22] *Idem*, pág. 99.
[23] Abraham H. Foxman, *Never Again?*, pág. 196.
[24] Dennis Prager e Joseph Telushkin, *Why The Jews?*, pág. 117-118.
[25] Kenneth R. Timmerman, *Preachers of Hate*, pág. 99.
[26] Abraham H. Foxman, *Never Again?*, pág. 197.
[27] Kenneth R. Timmerman, *Preachers of Hate*, pág. 100.
[28] Robert S. Wistrich, *Anti-Semitism: The Longest Hatred*, Pantheon Books, Nova York, 1991, pág. 205.
[29] *Idem*, pág. 205-206.
[30] Kenneth R. Timmerman, *Preachers of Hate*, pág. 100.
[31] Robert S. Wistrich, *Anti-Semitism*, pág. 205.
[32] *Idem*, pág. 71-72.
[33] Elias Cooper, «Forgotten Palestinian: The Nazi Mufti». *The American Zionist*, março/abril 1978, pág. 6.
[34] Em 1918, o Reino Unido ocupou a Palestina e assumiu o governo da região após a derrota do Império Otomano na Primeira Guerra Mundial. Essa soberania foi posteriormente ratificada por um *mandato* que vigorou de 1922 a 1948, dado pela Liga das Nações (antecessora da atual ONU). (N. do E.)
[35] Kenneth R. Timmerman, *Preachers of Hate*, pág. 102.
[36] *Idem*, pág. 103.
[37] Elias Cooper, «Forgotten Palestinian: The Nazi Mufti», pág. 7.
[38] Kenneth R. Timmerman, *Preachers of Hate*, pág. 103.
[39] Elias Cooper, «Forgotten Palestinian: The Nazi Mufti», pág. 9.
[40] Kenneth R. Timmerman, *Preachers of Hate*, pág. 103.
[41] Dennis Prager e Joseph Telushkin, *Why The Jews?*, pág. 123.
[42] Bernard Lewis, *The Crisis of Islam*, Random House, Nova York, 2003, pág. 59-60.
[43] Cf. Bernard Lewis, *Semites and Anti-Semites*, pág. 147.
[44] O autor se refere ao acordo firmado em 1938 entre Alemanha, Reino Unido, França e Itália. Nele, uma região da Checoslováquia com grande população de origem germânica foi cedida à Alemanha. Chamberlain, grande defensor do acordo, acreditava que com ele poderia apaziguar Hitler e evitar a guerra. (N. do E.)
[45] *Idem*, pág. 148.

[46] Paul Longgrear e Raymond McNemar, «The Arab/Muslim Nazi Connection». *Canadian Friends*, International Christian Embassy, Jerusalém, 2003. Disponível em: <www.cdnfriendsicej.ca/medigest/mayoo/arab.nazi.html>.
[47] Bernard Lewis, *Semites and Anti-Semites*, pág. 148-149.
[48] Citado em: Bernard Lewis, *Semites and Anti-Semites*, pág. 147-148.
[49] Cf. Abraham H. Foxman, *Never Again?*, pág. 198.
[50] *Idem*, pág. 150.
[51] Bernard Lewis, *Semites and Anti-Semites*, pág. 151-152.
[52] Kenneth R. Timmerman, *Preachers of Hate*, pág. 103.
[53] *Idem*, pág. 104.
[54] Elias Cooper, «Forgotten Palestinian: The Nazi Mufti», pág. 17.
[55] *Ibidem*.
[56] *Idem*, pág. 107.
[57] *Ibidem*.
[58] Gabriel Schoenfeld, *The Return of Anti-Semitism*, pág. 37.
[59] Bernard Lewis, *The Crisis of Islam*, pág. 60.
[60] Joseph B. Schechtmann, *The Mufti and the Fuehrer: The Rise and Fall of Haj Amin el-Husseini*, Thomas Yoseloff, Nova York, 1965, pág. 159.
[61] *Idem*, pág. 159-160.
[62] *Idem*, pág. 160.
[63] Paul Longgrear e Raymond McNemar, "The Arab/Muslim Nazi Connection", pág. 2.
[64] Kenneth R. Timmerman, *Preachers of Hate*, pág. 110; o papel desempenhado por al-Husayni no recrutamento da companhia bósnio-muçulmana da Waffen SS também é descrito em: Elias Cooper, «Forgotten Palestinian: The Nazi Mufti», pág. 23-24.
[65] Kenneth R. Timmerman, *Preachers of Hate*, pág. 110.
[66] Paul Longgrear e Raymond McNemar, "The Arab/Muslim Nazi Connection", pág. 2.
[67] Kenneth R. Timmerman, *Preachers of Hate*, pág. 111.
[68] Elias Cooper, «Forgotten Palestinian: The Nazi Mufti», pág. 26; e citado em: Dennis Prager e Joseph Telushkin, *Why The Jews?*, pág. 123.
[69] Zvi Elpeleg, *The Grand Mufti: Haj Amin al-Hussaini, Founder of the Palestinian National Movement*, trad. David Harvey, Frank Cass & Co, Londres, 1993, pág. 179. O discurso de al-Husayni, que foi transmitido via rádio em Berlim em 1 de março de 1944, também é citado em: Gabriel Schoenfeld, *The Return of Anti-Semitism*, pág. 37.
[70] Joseph B. Schechtmann, *The Mufti and the Fuehrer*, pág. 152.
[71] Zvi Elpeleg, *The Grand Mufti*, pág. 72.
[72] *Idem*, pág. 179.
[73] Benjamin Netanyahu, «Ending the Legacy of Hate». Pronunciamento feito numa sessão chamada «The Question of Palestine» por ocasião da 40ª Assembleia Geral das Nações Unidas, 04.12.1985, pág. 6.

[74] Abraham H. Foxman, *Never Again?*, pág. 214.
[75] Citado em: Dennis Prager e Joseph Telushkin, *Why The Jews?*, pág. 125.
[76] *Ibidem*.
[77] Conforme documentaram Arnold Forster e Benjamin R. Epstein, jornalistas ocidentais que visitaram o coronel libanês observaram que ele tinha uma pilha de cópias d'*Os protocolos* sobre a mesa. Arnold Forster e Benjamin R. Epstein, *The New Anti-Semitism*, pág. 159.
[78] Bernard Lewis, «Muslim Anti-Semitism». *Those Who Forget the Past*, ed. Ron Rosenbaum, pág. 551.
[79] Abraham H. Foxman, *Never Again?*, pág. 214.
[80] Arnold Forster e Benjamin R. Epstein, *The New Anti-Semitism*, pág. 159.
[81] *Idem*, pág. 158-159.
[82] Bernard Lewis, «Muslim Anti-Semitism», pág. 554.
[83] Arnold Forster e Benjamin R. Epstein, *The New Anti-Semitism*, pág. 159.
[84] Abraham H. Foxman, *Never Again?*, pág. 198.
[85] Arnold Forster e Benjamin R. Epstein, *The New Anti-Semitism*, pág. 159-160.
[86] Bernard Lewis, «Muslim Anti-Semitism», pág. 558.
[87] Deborah Lipstadt, *Denying the Holocaust*, Plume, Nova York, 1993, pág. 14. A afirmação de Lipstadt também é citada em: Kenneth R. Timmerman, *Preachers of Hate*, pág. 71.
[88] Kenneth R. Timmerman, *Preachers of Hate*, pág. 88.
[89] *Ibidem*.
[90] *Ibidem*.
[91] Entrevista com Mahmoud Abbas conduzida por Nahum Barnea e Ronny Shaked. *Yediot Aharonot*, 30.05.2003, conforme citado em: Kenneth R. Timmerman, *Preachers of Hate*.
[92] Kenneth R. Timmerman, *Preachers of Hate*, pág. 89.

7. João Paulo II e a condenação papal do antissemitismo

[1] George Weigel, *Witness to Hope: The Biography of Pope John Paul II*, HarperCollins, Nova York, 1999.
[2] Eugene J. Fisher e Leon Klenicki, eds., *Pope John Paul II: Spiritual Pilgrimage – Texts on Jews and Judaism, 1979-1995*, Crossroad Publishing, Nova York, 1995, pág. xxii.
[3] Geoffrey Wigoder, *Jewish-Christian Relations Since the Second World War*, Manchester University Press, Manchester, 1988, pág. 87.
[4] *Ibidem*.
[5] *Ibidem*.
[6] *Ibidem*.
[7] Eugene J. Fisher, «Pope John Paul II's Pilgrimage of Reconciliation». *Pope John Paul II*, eds. Eugene J. Fisher e Leon Klenicki, pág. xxvii.

[8] *Ibidem*.
[9] *Idem*, pág. xxviii.
[10] Citado em: Eugene J. Fisher, «Pope John Paul II's Pilgrimage of Reconciliation».
[11] George Weigel, *Witness to Hope*, pág. 823.
[12] Eugene J. Fisher, «Pope John Paul II's Pilgrimage of Reconciliation»; e Papa João Paulo II, «Meeting with Jews in Paris, May 31, 1980». *Pope John Paul II*, eds. Eugene J. Fisher e Leon Klenicki, pág. 9.
[13] Papa João Paulo II, «Discurso proferido por ocasião do 40º aniversário do Levante do Gueto de Varsóvia», 25.04.1983, *idem*, pág. 27-28.
[14] Eugene J. Fisher, «Pope John Paul II's Pilgrimage of Reconciliation».
[15] Papa João Paulo II, «Pronunciamento à comunidade judaica da Austrália, 26 de novembro de 1986». *Pope John Paul II*, eds. Eugene J. Fisher e Leon Klenicki, pág. 82-83.
[16] George Weigel, *Witness to Hope*, pág. 823.
[17] Avery Dulles, S.J., «Commentary on the Holy See's Document We Remember». *The Holocaust, Never to be Forgotten: Reflections on the Holy See's Document* We Remember, The Paulist Press, Mahwah, 2001, pág. 53; Papa João Paulo II, «Pronunciamento aos líderes da comunidade judaica em Estrasburgo». *Pope John Paul II*, eds. Eugene J. Fisher e Leon Klenicki, pág. 128.
[18] João Paulo II, «Comentários na Praça São Pedro, 18 de abril de 1993». Citado em: *L'Osservatore Romano*, 21.04.1993.
[19] George Weigel, *Witness to Hope*, pág. 823.
[20] *Ibidem*.
[21] Tad Szulc, *Pope John Paul II: The Biography*, Scribner, Nova York, 1995, pág. 454; e George Weigel, *Witness to Hope*, pág. 823.
[22] Tad Szulc, *Pope John Paul II*, pág. 455.
[23] *Idem*, pág. 454.
[24] George Weigel, *Witness to Hope*, pág. 484.
[25] *Ibidem*.
[26] Daniel Jonah Goldhagen, *A Moral Reckoning*, pág. 224.
[27] *Idem*, pág. 221.
[28] Eugene J. Fisher, «Pope John Paul II's Pilgrimage of Reconciliation».
[29] Eugene J. Fisher, «Pilgrimage of Reconciliation», pág. 97.
[30] *Ibidem*.
[31] George Weigel, «The Holy Father in the Holy Land».
[32] Eugene J. Fisher, «Pilgrimage of Reconciliation», pág. 96.
[33] *Ibidem*.
[34] *Ibidem*.
[35] George Weigel, «Holy Land Pilgrimage: A Diary». *First Things*, junho/julho 2000, pág. 33.
[36] Eugene J. Fisher, «Pilgrimage of Reconciliation».
[37] *Ibidem*.

[38] *Ibidem.*
[39] Meir Weintrater, «France». *American Jewish Year Book*, eds. David Singer e Lawrence Grossman, vol. 102, American Jewish Committee, Nova York, 2002, pág. 334.
[40] Kenneth R. Timmerman, *Preachers of Hate*, pág. 213.
[41] Pronunciamento do bispo Jean-Pierre Ricard, presidente da Conferência Francesa dos Bispos Católicos, 03.04.2002.
[42] Michel Gurfinkiel, «France's Jewish Problem». *Commentary*, julho/agosto 2002.
[43] Philip Jenkins, *The New Anti-Catholicism*, pág. 190-191.
[44] Cardeal Joseph Ratzinger, «The Heritage of Abraham: The Gift of Christmas». *L'Osservatore Romano*, 29.12.2000.
[45] *Ibidem.*
[46] David Brinn, «New pope hailed for strong Jewish ties». *Jerusalem Post*, 19.04.2005.
[47] *Ibidem.*
[48] *Ibidem.*

ESTE LIVRO ACABOU DE SE IMPRIMIR
A 16 DE JULHO DE 2019.